日本
キャリアカウンセリング史

正しい理解と実践のために

渡部昌平　浅野浩美　立野了嗣
小澤康司　下村英雄　三村隆男 著

実業之日本社

はじめに

私がキャリアカウンセリングの歴史に興味を持ちはじめたのは木村周先生の「キャリアカウンセリングの歴史」研修を受けて以降であり，そんなに古い話ではない。2005 年以降であるのは間違いなく，2010 年前後あるいはそれ以降であったかもしれない。それまでは「自分が興味を持った（あるいはやりやすい）理論や技法だけを学んでおけばいい」「それにプラスして，最新の理論や技法だけ知っておけばいい」「過去の理論や技法を学んでも，使わ（え）ないから意味がない」くらいに思っていた。そもそもその研修も「木村周先生が講師だから」と受講したのであって，内容に興味があったから選んだわけではなかった。

しかしその研修を受講して，歴史を学ぶことの意義や重要性を改めて認識し直した。時代や社会あるいはクライエントの要請で新しい理論や技法が生まれるが，そこに不足や課題あるいは時代の変化が生じれば，また新たな理論や技法が生み出される。理論や技法は，先人達の苦労や努力あるいは議論によって，絶えず新しいものとして産み出されてきたのである。その後 2019 年と 2022 年にキャリアカウンセリングの教科書的な書籍を執筆したが，どちらでも歴史の流れを学ぶ意義や重要性は訴えてきたつもりである。ただ残念ながらその 2 冊はアメリカのキャリアカウンセリングの歴史のおさらいになっており，今回「日本のキャリアカウンセリングの歴史」をまがりなりにも整理できたことは望外の喜びである。私 1 人ではとてもとても手に余る仕事であったが，今回，大先輩たちのお力を借りることでようやく実現することができた。

パーソンズやウィリアムソンを嚆矢とするキャリアカウンセリングはマッチング理論あるいは特性因子理論を擁してスタートするが，後に支援者側の主観的な判断が批判され，客観的な視点からは VPI 職業興味検査のような客観検査が生まれ，クライエント中心の視点からはクライエント中心療法（のちパーソン・センタード・アプローチ）が生まれた。また「就職時点でのマッチング」だけでなく発達的概念も導入され，「生涯を通した職業（人生）選択」という概念が導入された。すなわちライフキャリアの概念である。

また近年はクライエントの仕事観や人生観，価値観を引き出すナラティブアプローチに加え，未来に向けた具体的な行動を支援する実践家が増えてきている。一方で先進国の高学歴の母国語話者は「自由な職業選択」ができるものの，発展途上国だったり学歴が高くなかったり言語的に不利だったりする場合は自由に職業選択をできず，そうした対象の支援も考慮すべきとするワーキング心理学という概念も提唱されてきている。以前にも増して社会正義や心理的安全性の必要性が訴えられているのである。

キャリアカウンセリングやキャリア教育の研究者・実践家は，こうした歴史の流れを知り，自分の研究や実践に何が足りていて何が足りていないのかを知る義務があるのではないかと考えている。

本書では各分野で長く実践や研究をされてきた大先輩の各先生にお願いして，これまでの実践や研究あるいは歴史を整理していただいた。各章でも触れられているが，日本でサイコセラピーやカウンセリングから「キャリアカウンセリング」が純粋に分離されたのはせいぜいここ 20 ～ 30 年程度，それまでは「職業選択を含めた人生選択の支援をするキャリアカウンセリング」と心の問題や悩みを解決するサイコセラピー・カウンセリングが混じり合っていたというか，むしろキャリアカウンセリング自体は陰に隠れていたと言っても過言ではないと感じている（アメリカでもロジャーズ登場以降はカウンセリングの定義の混乱があったようである）。一方で，労働力需給や教育などの分野ではそれ以前から連綿と職業指導，進路指導，厚生補導という形で，あるいは企業分野では雇用管理あるいは上司や先輩，同僚からのアドバイスのような形でキャリア形成支援が行われてきている。本書では第 1 部としてここ 20 ～ 30 年の日本のキャリアコンサルタント制度にまつわる動きを，第 2 部としてそれ以前をも含めた労働・教育分野におけるキャリアカウンセリングの歴史と今後を取り上げている。ただそうは言っても，全ての分野や歴史を網羅できているわけではないので，本書に先行して 2021 年に公開された「特定非営利法人キャリアコンサルティング協議会 15 周年史」（https://www.career-cc.org/history/）や中島寧綱（1988）「職業安定行政史」（http://shokugyo-kyokai.or.jp/shiryou/gyouseishi/index.html）なども合わせてご一読いただきたいと考えている。また本書では主に非学術分野でのキャリアカウンセリングの歴史を取り上げているが，実際にはその背後で大学の経営学部・教育学部・心理学部あるいは現・労働政策研究・研修機構（旧・日本労働研究機構，それ以前には雇用職業総合研究所など）等の研究者による理論や技法，ツールに関する研究・実践・開発があったことも忘れてはならない。なお各章は各執筆者個人の責任と価値観の下に書いていただいているので，章ごとに意見や見解が異なることがあってもご容赦いただきたい。

本書がキャリアカウンセリングやキャリア教育などキャリア形成支援に関わる全ての人の業務のご参考となることを期待している。

2024年4月

秋田県立大学
渡部昌平

【目次】

お詫びと訂正

本書に一部記載につきまして、下記の誤りがございました。
読者の皆様ならびに関係の皆様に深くお詫びして訂正申し上げます。

記

【訂正部分①】105 ページ　下から 9 行目
【誤】（日精研部外秘）
【正】（内田純平氏が社内用に執筆したものであるが，日精研の許可を得て，本書に一部を引用するものである）

【訂正部分②】105 ページ　下から 4 行目
【誤】1967 年 11 月，株式会社日本精神技術研究所設立，
【正】1967 年 11 月，日精研が法人（株式会社）化され，

【訂正部分③】144 ページ　上から 13 行目
【正】「部外秘」を削除

以上

第1部
日本のキャリアコンサルティングの歴史

第1章
日本のキャリアコンサルタント制度の歴史

浅野浩美

1　はじめに

キャリアコンサルティング[1]，キャリアコンサルタントは，職業能力開発促進法に，以下のように定義されている。

> 職業能力開発促進法（昭和四十四年法律第六十四号）
> （定義）
> 第二条
> この法律において「キャリアコンサルティングとは，労働者の職業の選択，職業生活設計又は職業能力の開発及び向上に関する相談に応じ，助言及び指導を行うことをいう。
> （業務）
> 第三十条の三
> キャリアコンサルタントは，キャリアコンサルタントの名称を用いて，キャリアコンサルティングを行うことを業とする。

キャリアコンサルティング，キャリアコンサルタントは，法によって定められ，政策として推進されているもの，という側面を有する。これらが政策として推し進められるようになったのは，いつからだろうか。

一般には，2000 年 7 月に，「今後の職業能力開発の在り方研究会」報告において，「職業生涯にわたるキャリア形成」を政策の柱と位置付けたことに始まる，とされることが多い。この報告を受けた中央職業能力開発審議会会長が，同年 12 月に，労働大臣に，今後の職業能力開発施策の在り方について建議し，翌

1　本稿では，主に，法制度によって定められている用語である「キャリアコンサルティング」を用いる。法制化される前は，「キャリア・コンサルティング」と表記していたが，固有名詞を除き，「キャリアコンサルティング」と記載する。「キャリアカウンセリング」との使い分けは，特に行わない。

2001年4月に，職業能力開発促進法が改正され，政策として，労働者のキャリア形成を支援していく方向が打ち出された。さらに，同年5月には，「第7次職業能力開発基本計画」（2001～2005年度）が策定され，キャリア形成支援システムを労働市場のインフラストラクチャーとして位置付けていくこととされた。

こうしてみると，確かに，「キャリア形成」が政策として打ち出されたのは，2000年から2001年にかけてである。しかし，この時に，いきなり政策として打ち出されたわけではなく，それ以前から，労働者のキャリア形成の重要性は指摘されてきた。本稿では，こうしたルーツから探ってみたい。

なお，我が国で，キャリアコンサルティングが，一定の位置付けを得，機能している領域は，職業能力開発におけるキャリアコンサルティングのほか，学校における進路指導，職業安定行政における職業指導・職業相談がある。木村（2003）が指摘するように，学校教育における進路指導，就職時における職業指導の延長線上に，キャリアコンサルティングが位置付けられる，という方がしっくりくるところもあるが，制度を創設し，政策として推進してきたのは，主に職業能力開発行政である。本稿の使命は，政策面からキャリアコンサルタント制度を振り返ることである。こうしたことから，職業能力開発行政の歩みとともに，そのルーツを探っていくこととする。

キャリアコンサルティング協議会（2021）は，同協議会のそれまでの15年の歴史を振り返る中で，「誕生期〈1995年度～1999年度〉」，「確立期（Ⅰ期）〈2000年度～2002年度〉」，「確立期（Ⅱ期）〈2003年度～2014年度〉」，「発展期〈2015年以降〉」の4期に分けて整理している。本稿では，「誕生期」の前から話を始めるが，概ね，この区分を尊重したかたちで話を進めることとする。

2 誕生前：国による技能者養成から事業主訓練へ

（1）戦後復興期

日本では，古くは，技能は，西欧と同じく徒弟制度により習得されていた。20 世紀初頭からは，企業による熟練工養成が行われるようになった。

しかし，第２次世界大戦により，戦前の職業訓練体制はほぼ壊滅状態となる。軍隊からの復員，海外からの引揚げ，軍需産業の解体による失業者であふれ返り，我が国は，「大失業状態」とも言えるような状況下にあった。

戦後の職業能力開発施策は，この「大失業状態」を何とかするための職業補導から始まった。職業補導というのは，今で言うところの公共職業訓練[2]である。失業者たちに手っ取り早く手に職を付けさせ，仕事に就かせようとしたのである。

（2）高度成長期

日本経済は，朝鮮戦争をきっかけに立ち直る。経済成長に伴って，技能工の確保が大きな課題となる中で，1958 年には，職業訓練法（1969 年に抜本改正されることから，ここでは，以下，「旧職業訓練法」という）が制定された。徒弟制度につながる封建的色合いがあるということで，それまで労働基準行政下に置かれていた企業による技能者養成を職業安定行政に移し，技能者養成と職業補導を一元化したのである。

2　職業訓練法（昭和 44 年法律 64 号）が制定されるまでは，職業補導という言い方をした。

1969年には，旧職業訓練法の全面改正が行われた（以下，改正後の職業訓練法を「職業訓練法」という）。この時，初めて職に就くために行う養成訓練だけでなく，職業生活の全期間を通じて必要な時に必要な訓練を行うという生涯職業訓練の推進を掲げている。さらに，職業訓練を計画的に推進していくために，職業訓練計画に関する規定を設けた。こうしてできた第1次職業訓練基本計画（1971～1975年度）は，国及び都道府県の職業訓練が，我が国の職業訓練をけん引し，推進し，誘導していくと謳うものだった。

（3）オイルショック

1973年，第4次中東戦争を機に第1次オイルショックが始まる。めざましい経済成長を遂げていた日本でも，失業者が増え，インフレが進む。失業の予防が大きな課題となり，1974年，雇用保険法が制定された。不況に対し，失業の予防対策など，積極的な雇用対策を講じることができるようにしたのである。同法により能力開発事業が創設され，職業能力開発行政の財政的な基盤が整備された。

第2次職業訓練基本計画（1976年度～1980年度）は，長期ビジョンとして，すべての労働者がその職業生涯の各段階に応じて，適時適切な職業訓練を受けることができるようにしていく，とした。実施にあたっては，事業主等が行う職業訓練を重視した。

第3次職業訓練基本計画（1981年度～1985年度）も，事業主等が行う職業訓練を重視するものだが，その中で自己啓発にも触れている[3]。

3　第2次職業訓練計画においても，技能検定制度の拡充と関連して，自己啓発について若干の記載がある。

1985年には，職業訓練法は，職業能力開発促進法に改められ，翌年には，第４次職業訓練基本計画（1986～1990年度）が策定された。同計画では，「労働者の自己啓発の促進」が，初めて基本的施策の１つとして並んだ。順番は６つの中の３番目，「企業内職業能力開発の促進による学習企業の育成」，「公共部門による職業能力開発の整備充実」に次ぐ位置であった。1986年には，自己啓発助成給付金が創設された。従業員の自己啓発を支援する企業に助成金を支給するというかたちで，自己啓発支援がスタートしたのである。

（4）バブル経済期

オイルショック後，経済成長率が鈍化し，円高不況に苦しんだが，日銀の金融緩和政策などもあり，日本経済は回復に向かう。1980年代後半から1990年頃にかけて，日本は，いわゆるバブル景気を謳歌した。

バブル崩壊に少し先んじるかたちで策定された，第５次職業訓練基本計画（1991年度～1995年度）では，「自己啓発の促進」は，７つ掲げられた基本的施策の２番目となり，「企業内職業能力開発の促進」に次ぐ位置であった。当時の自己啓発促進策の中心は，自己啓発助成金と有給教育訓練休暇だったが，情報提供・相談援助機能の強化にも触れている。また，ホワイトカラー労働者に対し，問題意識を持つようになっていた。

3　誕生期：ホワイトカラー受難の時代の自己啓発

バブル崩壊後は，不況が続く。1992年秋頃から，巷では，「ホワイトカラー受難の時代」などといわれるようになり，特に，中高年ホワイトカラーの能力開発の在り方に目が向けられるようになった。

（1）「ホワイトカラーの職業能力開発の方向とあり方に関する検討結果報告」

1994年6月には，中央職業能力開発協会が労働省からの委託により設置した「高齢化対応能力開発検討委員会」が，「ホワイトカラーの職業能力開発の方向とあり方に関する検討結果報告」を取りまとめた。同報告は「出向」の持つプラス効果の積極的活用などを提言したものだが，注目したいのは，同委員会が専門委員会を設けて行った「中高年齢ホワイトカラーの能力開発調査」である。キャリア・カウンセリングについても調べており，それによると，1993年10～12月時点における，キャリア・カウンセリング実施企業は14.6%，実施検討中の企業は12.0%であった（労働省職業能力開発局能力開発課，1994）。専門委員には，木村周筑波大学夜間大学院教育研究科教授（当時）が，名を連ねている。

（2）「個人主導の職業能力開発の推進を（自己啓発推進有識者会議報告書）」

1995年12月には，労働省職業能力開発局長の私的研究会である「自己啓発推進有識者会議」の報告書が取りまとめられた。個人主導の職業能力開発の推進を提言した画期的な報告書である。同報告書には，キャリアに関する言葉が数多く出てくるほか，行政に対し，キャリアシートの普及や，キャリアカウンセリングの推進などを提言している（労働省職業能力開発局，1996）。

（3）第 6 次職業能力開発基本計画

第 6 次職業能力開発基本計画（1996 年度～ 2000 年度）には，「キャリアカウンセリング」という言葉が登場している。職業能力開発による産業間・企業間移動の円滑化や，ホワイトカラーの職業能力開発に関する項である。「個人主導の職業能力開発」という言葉や，キャリアカウンセリングや職業能力開発を行いつつ，「失業なき労働移動」を支援する，といった記載もある。カウンセリング担当者の養成・研修についての記載もある。今で言うところの，キャリアコンサルティングに目が向けられ始めていた。

（4）職業能力開発促進法の改正（1997 年）

個人主導の職業能力開発に目が向けられる中，1997 年 4 月に，職業能力開発促進法が改正された。法の基本理念に，「労働者の自発的な職業能力の開発及び向上のための努力を助長するように配慮すること」が追加され，事業主の行う職業能力開発促進の措置のひとつとして，労働者が自ら教育訓練等を受ける機会を確保するための援助を追加した（厚生労働省，2005）。個人の職業能力開発を進めていくことを明記したのである。

（5）雇用保険制度の教育訓練給付制度の創設

1998 年からは雇用保険制度による教育訓練給付制度が始まった。これは，一定の要件を満たす者が厚生労働大臣の指定する講座を受講し修了した場合，支払った費用の一定割合を講座を受講した者に支給するというものである。労働者の自発的な能力開発の取り組みを直接的に支援する制度がスタートしたのである。

（6）第9次雇用対策基本計画と自発的な職業能力開発

雇用保険を所掌する職業安定局では，1999年8月に，「第9次雇用対策基本計画」が閣議決定されている。雇用対策基本計画というのは，雇用対策法[4]に基づき，労働者がその有する能力を有効に発揮することができるようにするために必要な雇用に関する基本となるべき計画である[5]（厚生労働省職業安定局雇用政策課，1999）。同計画の対象期間は1999年から21世紀初頭までの10年間程度であった。雇用対策の基本的事項の中には，「人材育成の推進」に関することも掲げられていた。「労働者の自発的な職業能力開発のための環境整備」という項には，相談援助・情報提供体制の整備や労働者の取組のための環境整備についての記載がある。また，「事業主が行う職業能力開発の推進」の項には，職業能力開発に関する情報提供・相談援助の充実や，労働者の職業能力開発に対する企業内の支援体制の整備についての記載がある。

（7）「今後の職業能力開発の在り方研究会」報告

職業能力開発局長のもとに設置された「今後の職業能力開発の

4　雇用対策の基本的理念などを定めた法律。2018年の改正により「労働施策の総合的な推進並びに労働者の雇用の安定及び職業生活の充実等に関する法律」（労働施策総合推進法）となった。

5　2007年の雇用対策法改正により，雇用対策基本計画を廃止し，雇用政策基本方針を定めることとなった。第9次雇用対策基本計画は，最後の雇用対策基本計画となった。2018年改正により，労働施策総合推進法となったのちは，雇用対策にとどまらず，労働施策基本方針（労働者がその有する能力を有効に発揮することができるようにするために必要な労働に関する施策の総合的な推進に関する基本的な方針）を定めることとされている。

在り方研究会」（座長：今野浩一郎学習院大学教授（当時））での議論は，そのような中で始まった。

1999年11月以降，13回の議論を重ねた末，同研究会は2000年7月に報告を取りまとめた。同報告では，まず，人事労務管理や労働市場の変化などを背景に，個別的なキャリア形成，個別のキャリア形成に対応した職業能力評価・職業能力開発が，職業能力開発政策上の課題となると整理している。そのうえで，今後の職業能力開発政策の基本的方向性として，「職業生涯にわたるキャリア形成」を掲げ，労働者のキャリア形成を支援することを提言している。

この報告には，「キャリア・コンサルティング」という言葉が登場している。それだけでなく，「企業内におけるキャリア形成システム」の流れを図で示しているほか，キャリアコンサルティングを行う専門家の養成が必要であることなどを提言している。

同報告は，2000年7月12日に，中央職業能力開発審議会第185回総会に報告された。

4 確立期Ⅰ：職業能力開発施策の柱に

（1）今後の職業能力開発施策の在り方について（建議）

中央職業能力開発審議会（会長：小池和夫法政大学経営学部教授（当時））では，「今後の職業能力開発の在り方研究会」報告を受け，総括部会で検討を行うこととなった。総括部会は，検討結果を取りまとめ，2000年12月7日に，中央職業能力開発審議会に報告した[6]。同審議会は，同日，労働大臣に，「今後の職業能力開発施策の在り方について」の建議を行った。今後の職業能力施策の実施にあたって，労働者の自発性を重視するとともに，「キャリア形成」を施策の柱として位置付けることが必要である，と，労働大臣に申し述べたのである。

(2) 職業能力開発促進法の改正（2001年改正）

省庁再編後の2001年1月30日，厚生労働大臣は，労働政策審議会に対し，職業能力開発促進法の一部改正を含む「経済社会の変化に対応する円滑な再就職を促進するための雇用対策法等の一部を改正する等の法律案要綱」を諮問した。労働政策審議会は，職業安定分科会，職業能力開発分科会の審議を経て，同年2月5日，「妥当と認める」旨答申を行った。

これを受けて，厚生労働省は，法律案を作成し，閣議決定を経て，同年2月16日に国会に提出した。同法律案は，同年4月18日，成立した。

これにより，職業能力開発促進法3条には，「労働者の職業生活設計に配慮しつつ」，「職業能力の開発及び向上の促進」が行われることが，また，同法第4条第1項及び第2項には，「労働者が職業生活設計に則して自発的な職業能力の開発及び向上を図ることを容易にするために必要な援助」についての事業主の努力義務や，事業主がこれら措置を講ずることを奨励する国及び都道府県の努力義務が規定された。労働者の自発的なキャリア形成を支援していくことが明記されたのである。

6　総括部会の取りまとめを行ったのは，草野隆彦職業能力開発局能力開発課長である。草野氏は，のちに，職業能力開発局総務課長，審議官（職業能力開発・国際労働担当），職業能力開発局長として，職業能力開発施策，キャリア形成支援施策をリードした人物である。

（3）第７次職業能力開発基本計画

2001年5月には，「第７次職業能力開発基本計画」(2001年度～2005年度）が策定された。

同計画は，労働者の自発的な職業能力開発や事業主主導の職業能力開発を適切に進め，雇用の安定・拡大を図るためには，①労働者や事業主が，職業情報などの労働市場に関する情報を入手できるようにすること，②労働者が，その職業能力を確認しつつ，自らの職業生活設計に即して，教育訓練を受け，キャリア形成を図ることができるようにすること，が重要であるとした。

また，「キャリア形成」について，「労働者が，企業を超えても，自らの職業生活設計に即して職業訓練や実務経験を積み重ね，実践的な職業能力を形成すること」と定義した。さらに，「キャリア・コンサルティング」について，「労働者が，その適性や職業経験等に応じて自ら職業生活設計を行い，これに即した職業選択や職業訓練の受講等の職業能力開発を効果的に行うことができるよう，労働者の希望に応じて実施される相談」とした。

そして，労働市場が有効に機能するためのインフラストラクチャーとして，労働力需給調整システムのほか，職業能力開発施策として，①労働者のキャリア形成を支援するシステム，②職業情報，職業能力開発ニーズ等労働市場に関する情報を簡易に入手できるシステム，③ホワイトカラーを含め実践的な職業能力を適正に評価するシステム，④受け皿としての多様な教育訓練を受けられるシステムを構築していくことが不可欠であるとした。また，職業能力開発行政の中長期的な施策として，官民共同で上記の労働市場が有効に機能するためのインフラストラクチャーを整備していくことを明記した。

Column

キャリアコンサルティングという言葉はどこから?

「キャリアコンサルティング」と言う言葉は，我が国が作り出した言葉である。世界的には，「キャリアカウンセリング」，「キャリアガイダンス」といった言い方が，一般的である。いつから，また，どうして，この言葉を使うようになったのだろうか。

「今後の職業能力開発の在り方研究会」報告

18ページにも記載したように，最初に「キャリア・コンサルティング」と言う言葉が出てきたのは，2000年7月に出されたこの報告である。以下の記述がある。

（前略）事業主には，労働者と十分な話し合いの上，労働者のキャリアを十分に把握し，それを的確に記述するとともに，その能力を正確に評価した上で，企業のニーズと労働者の希望・適性・能力を照合し，労働者のキャリア形成の具体的方向と職業能力開発の方針を確定すること（以下，「キャリア・コンサルティング」という。）が望まれる。

企業内における相談に限定しており，また，カウンセリングというよりも，すり合わせのイメージである。

「労働者のキャリア形成支援のためのキャリア・コンサルティング・マニュアル」

2001年5月に出された，本マニュアルには，次の記述がある。

ところで，キャリア形成に関する情報提供や相談援助に係る支援は，職業紹介機関，職業能力開発機関，民間相談機関などにより様々な対象，目的，手法で行われており，キャリアカウンセリング，キャリアガイダンス，産業カウンセリング，職業相談，職業指導，能力開発相談などの様々な名称が用いられており，また，これらの相談事業の対象，目的，手法は，相互に深く関係し，また，

その一部が重複している場合も多々あります。このように，個人のキャリア形成に係る相談については，様々な名称が使われていることから，今回これら全てを含む概念として，新たに「キャリア・コンサルティング」と総称することとし，本マニュアルでは，そのうち企業内における相談について解説しています。

マニュアルは，企業内の相談を念頭に作成されたものだが，より広い意味でのキャリア形成支援にも適用可能なものであった。ここに，政策としてのキャリア形成に関する情報提供・相談援助に係る支援は，「キャリアコンサルティング」に統一されたと言ってよいだろう。これ以降，「キャリア・コンサルティング」が使用されるようになる。

「キャリア形成を支援する労働市場政策研究会報告書」

2002 年 7 月に公表された本報告書には，次のような記述がある。

なお，アメリカにおいては，こうした個人のキャリアに係る指導・助言活動を「キャリア・カウンセリング」と呼称している。我が国においては，「カウンセリング」という用語が心理的な療法を想起させる面が強いことを考慮し，上記研究会において，労働市場における職業キャリアの方向づけに係る相談・指導・助言を表す用語としては，「キャリア・コンサルティング」を使うこととしている。

23 ページで紹介した指針などに記載されるようになってもなお，耳慣れない言葉だったのだ。

職業能力開発促進法の改正（2015 年改正）

法制化される際に，「キャリア・コンサルティング」が「キャリアコンサルティング」になっている。「・」は，語句を簡略に列記するとき，日常的に広く用いられている。しかし，あくまでも複数の語句の列記というだけで，その結合が併合か，選択かは厳密でないため，法令文では，原則として用いないこととなっている（平野，2015）。法制執務上のテクニカルな理由により，「・」を取ったものである。

（4）労働者の職業生活設計に即した自発的な職業能力の開発及び向上を促進するために事業主が講ずる措置に関する指針（キャリア形成に関する事業主指針）

2001年9月12日には，職業能力開発促進法の規定に基づき，「労働者の職業生活設計に即した自発的な職業能力の開発及び向上を促進するために事業主が講ずる措置に関する指針」（以下，「指針」という）が定められる。指針と言っても，単なるガイドラインではなく，厚生労働大臣が公表する厚生労働省告示である。

キャリアコンサルティングの実施について記載されているほか，これを適切かつ効果的に行うための措置として，定期的実施や，職務に対する理解の促進，職業能力検定の活用，キャリアコンサルティング担当者に対する講習，専門家等の活用，労働者の個人情報保護などを挙げている。キャリアコンサルティング担当者に対し，事業主が講ずる措置について意見を述べる機会を与えるよう努めること，キャリアコンサルティングの実施に関する各種支援措置の活用を図ること，といったことまで記載されている。

（5）キャリア形成促進助成金の創設など

2001年10月には，改正職業能力開発促進法の大部分と指針が施行された。また，事業主が雇用する労働者のキャリア形成を促進するために，訓練に要した経費や訓練実施中の賃金の一部などを助成する「キャリア形成促進助成金」が創設された。

さらに，キャリア・コンサルティングシステムの整備に先立ち，暫定的な形で，職業選択に係るものについては，ハローワークで，能力開発に係るものは雇用・能力開発機構[7]の出先機関である都道府県雇用促進センターでそれぞれ実施することとされた。また，離職後，再就職に至るまでの職業等に係る情報の提供，相談，能力開発，職業紹介の各サービスが密接な連携のもとに一体的に提供されるよう，ハローワークへのキャリアコンサルタントの設置が進められることとなった（厚生労働省，2002）。

都道府県雇用促進センターの方は2001年10月に「キャリア形成支援コーナー」が設置され，労働者に対するキャリアコンサルティング，事業主に対する労働者のキャリア形成支援に関する専門的な相談援助等の業務を行うこととなった。労働省時代から厚生労働省の委託事業などを通じてキャリアに関することに携わってきた中央職業能力開発協会，1985年に「職業能力開発サービスセンター」が設置されて以来，企業の職業能力開発に関する相談を受けてきた都道府県職業能力開発協会が，これを支援するしくみもできた。

同じく2001年10月からは，都道府県職業能力開発協会の職業能力開発サービスセンターにおいて，企業の職業能力開発推進者を対象とした，導入レベルのキャリア・コンサルティング研修も開始された。

翌2002年4月には，厚生労働省職業能力開発局に，キャリアコンサルティングの推進やキャリアコンサルタントの養成などを所掌する「キャリア形成支援室」が設置された。

雇用・能力開発機構では，その後，2002年11月から，雇用・能力開発機構職業能力開発大学校等において人事労務担当者をはじめとする在職者を中心とした訓練コースを開設した。さらに，

7　職業能力開発その他業務を行う独立行政法人だったが，2011年10月1日に解散。職業能力開発業務は現在の独立行政法人高齢・障害者雇用支援機構に移管された。

2003年4月に，「キャリア支援部」という新しい部を創設し，キャリアコンサルタントの養成のほか，職業意識啓発，ニート等支援，中高生を対象としたインターンシップの推進など，現在のキャリア形成支援施策の源流となる事業に取り組むこととなる。

(6) キャリア・コンサルティング・マニュアル（キャリア・コンサルティング技法等に関する調査研究報告書）の作成

キャリアコンサルティングを推進していくためには，具体的な進め方を早急に示す必要があった。そのような中，取りまとめられたのが，このマニュアルである。

マニュアルには，キャリアコンサルタントであれば，誰もが知っている「キャリア形成のための6ステップ」（①自己理解，②仕事理解，③啓発的経験，④キャリア選択に係る意思決定，⑤方策の実行，⑥仕事への適応）が示されている。「キャリアシート」の様式，記載例も掲げられている。

本マニュアルは，もともとは，企業内におけるキャリア・コンサルティングの普及の促進を図るために，企業の職業能力開発担当者や人事・労務担当者を対象に作成されたものだが，技法について最も早くまとめたものであり，キャリアコンサルティング技法の原点と言ってよいだろう。

(7) キャリア形成を支援する労働市場政策研究会報告書

第7次職業能力開発基本計画で，労働者のキャリア形成促進が大きく打ち出されたものの，当時は，「キャリア」とはどのような概念であるか，まだよく知られていなかった。

このため，職業能力開発局では，2001年11月から，「キャリア形成を支援する労働市場政策研究会」（座長：諏訪康雄法政大学教授（当時））を設け，検討を行った。同研究会は，キャリアに関する概念を整理するとともに，なぜ，労働者が主体的[8]に行うことについてまで支援が必要なのか，それによってどのようなことができるのかについて整理し，2002 年 7 月，それを取りまとめた。報告書では，労働者の主体的キャリア形成支援，キャリア教育，生涯にわたる多様なキャリアを可能とする社会の実現，能力の見える社会づくりなどを提言している。

（8）キャリアコンサルティング実施のために必要な能力要件の策定

キャリアコンサルティングを担う人材の養成も急務であった。当時，既に，民間企業，事業主団体等において，キャリアカウンセラーなどの養成講座が開設されていたが，求められる能力や養成の在り方などについて統一的な枠組みはなかった。キャリアコンサルティングの重要性が増す中で，質的な水準を確保し，推進していくためには，キャリアコンサルティング実施に必要な能力要件や資格の在り方を検討するとともに，相談技術のレベル等について整理することが必要だった。

厚生労働省は，2001 年 10 月，「キャリアコンサルティング研究会」（座長：樋口美雄慶応義塾大学教授（当時））を設置した。同研究会は，内外の専門家からのヒアリングを含め，9 回にわたる議論を経て，2022 年 4 月，報告書を取りまとめた。報告書によると，キャリアコンサルティングに必要な能力は，以下の 4

8　この頃から，「自発的」よりも「主体的」という言葉がよく使われるようになった。同じような意味だが，「自らやる」だけでなく，「自ら考えてやる」という意味合いが込められたものであり，のちによく使われるようになる「自律的」につながるものであると解釈できる。

カテゴリーからなる。

①キャリアコンサルティングの社会的意義に対する理解
②キャリアコンサルティングを行うための基本的知識
③キャリアコンサルティングの実施過程において必要なスキル
④キャリアコンサルティングの効果的な実施にかかる能力

各カテゴリーに含まれる能力の内容については，キャリアコンサルティングを行うための能力体系に反映されているので，ここでは説明しないが，最初に，社会的意義が掲げられていることには，注目すべきである。キャリアコンサルティングは，社会的意義のあることであり，担い手には，それを意識してほしい，というメッセージでもあるからである。

同年5月には，「キャリア・コンサルタント5年間5万人養成計画」[9]が作成された。

(9) キャリア・コンサルタント能力評価試験制度（標準レベル）がスタート

キャリアコンサルタントの能力を担保するためには，試験が必要である。試験については，「キャリア・コンサルタントに係る能力評価試験のあり方研究会」(座長：木村周拓殖大学客員教授(当時)) において検討が行われた。

2002年7月，同研究会では，キャリアコンサルティング研究会で報告された能力要件に基づいて，試験において能力基準となる項目や，キャリアコンサルタント養成に係るモデルカリキュラムなどについて取りまとめた。既に試験を実施していた民間企業，事業主団体等の協力があったことは言うまでもない。ここに，

9 「コラム：キャリア・コンサルタント5年間5万人計画」参照のこと。

Column

キャリアコンサルタント5年間5万人計画

2002（平成14）年5月，「キャリア・コンサルタント5年間5万人養成計画」が策定された。キャリアコンサルタントを，労働市場のインフラストラクチャーとすべく，大きな目標を掲げたのである。

当時，この養成計画を策定した，半田有通キャリア形成支援室長（初代）から，中高年離職者5万人がキャリアコンサルタントとなり，1人50人ずつを再就職させれば250万人が就職できると仰った先生がいるとか，草野総務課長（当時）が（酒席での冗談だろうが）これからゴマンと必要になると言っていたなどといった話を聞いたことがある。中高年ホワイトカラーの存在が念頭にあったのは確かなようだ。それにしても，まだ1人もいないのに，5年間5万人というのは，とてつもなく大きな目標であった。

何しろ，その前月に，「キャリア・コンサルティング実施のために必要な能力要件」ができたばかり。能力評価試験の在り方についても，これから検討しようという段階である。キャリアコンサルタントの数え方がしっかり決まっているはずもないが，5万という数字には大きなインパクトがあった。行政が，たくさん必要だ，本気で養成していくのだ，と考えていることはよく伝わった。養成に携わる者に，どんなにか大きな力を与えたことと思う。

筆者は，この5万人の養成に携わっている。2003年4月に，雇用・能力開発機構に異動になり，新たに設置された「キャリア支援部」で室長として，他のキャリア支援関係の業務と併せ，5万人の1割に当たる5,000人の養成に携わった[1]。当時，珍しかった衛星放送を使って，出先機関である都道府県雇用促進センターに双方向で配信するかたちで養成した。天候が荒れると映らない，などといったトラブルもあったが，受講者の熱気は忘れられない。

1　規制緩和が叫ばれる中，官である雇用・能力開発機構に与えられた目標は1割にあたる5,000人だった。同機構は，その後5,000人を養成し，その役割を終えている。

「キャリア・コンサルティング実施のために必要な能力体系」が作成されたのである。試験の実施方法や合格の基準のほか，スタート当時の養成モデルカリキュラムの訓練時間（120 時間）なども示された。

同研究会の検討結果をもとに，2002 年 9 月，厚生労働省は「キャリア・コンサルタント能力評価試験の指定基準の細目及び指定手続」を策定し，指定希望の受け付けを開始した。

こうして，2002 年 11 月，キャリア・コンサルタント能力評価試験制度（標準レベル）がスタートした。キャリアコンサルタント試験団体は，当初 7 団体であった。

試験実施にあたっては，質を担保できるようにするために，試験機関の申請書類が基準を満たせば，キャリア形成促進助成金（職業能力評価推進給付金）の対象とする，というかたちで「お墨付き」を与えることとした。すなわち，「受験資格として「キャリア・コンサルタントに係る養成モデルカリキュラム（訓練時間の目安）」相当以上のものを受けていること」を満たすべき基準のひとつとしていたのである。かなりわかりにくい制度だが，そんな中でのキャリアコンサルタント能力評価試験スタートであった。

5 確立期Ⅱ：時代とともに，人材育成施策の担い手に

（1）第 8 次職業能力開発基本計画

2006 年 7 月には，「第 8 次職業能力開発基本計画」（2006 年度～ 2010 年度）が策定された。

当時は，若年失業者やフリーターの増加が大きな問題となって

Column

120時間のキャリアコンサルタント

2002（平成 14）年8月に，キャリアコンサルタント制度スタートした当初は，キャリアコンサルティング実施のために必要な能力体系で必要とされた養成モデルカリキュラムの訓練時間は，120 時間程度であった。その後，能力体系は3回にわたって見直しがなされ，その都度，10 時間ずつ増え，現在は 150 時間程度となっている。

モデルカリキュラムは，当時民間で行われていたキャリアカウンセラーなどの養成講座を参考としたこともあり，時間的にも内容的にも，理想よりも，現実を重視したものだった。

能力要件について議論したキャリアコンサルティング研究会では，米国のキャリアカウンセラーなどを例に，より高いレベルのものとすべきといった意見もあった。米国のキャリアカウンセラーは，カウンセリング学の修士以上の学位を取得し，所定の実践時間やスーパービジョンの経験を有する者なのだ[1]。

時間を長くすれば力は身に付くが，訓練コストは大きくなる。キャリアコンサルティングの普及には，担い手を増やすことが必要である。時間も費用もかかる，というのでは，キャリアコンサルタントになってもらえない。日本には，専門家のところに行って相談を受ける，という文化もなかった。そんな中での担い手養成であった。

キャリアコンサルタントの業務内容は「個人の人生設計に関わること」である。相談を受ける者は，レベル，経験にかかわらず，スーパービジョンを受けることが必要である。何時間学んでいようと，学び続けることが求められる。

厚生労働省には，いくつものキャリアコンサルティングに関する研究会が設置されたが，いずれもが学びの必要性を訴えている。どれだけ学べばいいんだ，と思う時もあるかもしれないが，時にはモデルカリキュラムができるまでの議論にも思いを馳せてもらえたらと思う。

1　労働政策研究・研修機構（2022）によると，米国では，キャリアカウンセラーは，キャリアカウンセリングを実施する専門家の中で，最も高度な訓練を受けた専門家という位置付けである。ただし，カウンセリングの専門家ではあるが，キャリア支援に特化した専門家というわけではない。

いた。職業能力開発機会が十分与えられない労働者が増えていることや，自発的に職業能力開発に取り組もうにも時間的・情報的に制約があることなども，問題となっていた。第８次計画は，こうした問題に対し，単に職業訓練を実施するだけでなく，問題の背景にある様々な変化に対応し，キャリア形成支援施策を本格的に進めていこうというものであった。

具体的には，①キャリアコンサルタントの養成を推進するとともに，資質向上を図るための取り組みを支援すること，②職業キャリアの形成に関する情報にアクセスしやすくすること，③学生時代から高齢期に至るまで，職業生涯を通じ，段階に応じたキャリア形成支援を充実させること，④障害者や母子家庭の母，非正規雇用労働者などのキャリア形成についても支援していくこと，などが打ち出された。

第９次職業能力開発基本計画では，個人の主体的な能力開発の支援，企業による労働者の能力開発の支援に加え，キャリア教育の推進についても，記載されている。

（2）ジョブ・カード制度スタート

2008 年４月には，ジョブ・カード制度がスタートした。同制度は，非正規雇用労働者など職業能力形成機会に恵まれない者の職業能力を向上させ，安定的な雇用への移行を促進することを目的に創設されたものである。「ジョブ・カードを活用したキャリアコンサルティングの実施」と「座学と実習を組み合わせた訓練を含む実践的な職業訓練（職業能力形成プログラム）の受講機会の提供」等を行うもので，「全国推進基本計画」（2008 年６月 30 日ジョブ・カード推進協議会）に基づき普及促進が図られてきた。

その後，「新全国推進基本計画」（2011年4月21日ジョブ・カード推進協議会）において，求職者，在職者や学生等に対しても幅広く活用を図ることとされるなど，見直しを行いつつ，推進が図られてきた。

国全体で取り組むこととなったことから，標準レベルのキャリアコンサルタントだけではまかなえず，「ジョブ・カード講習」（14時間）を受けた者を登録し，ジョブ・カードを活用したキャリアコンサルティングを行わせた。現在の「ジョブ・カード作成アドバイザー」だが，当時，これを「登録キャリア・コンサルタント」と呼んだため，標準レベルのキャリアコンサルタントよりも上位のものであると誤解されることもあった。

（3）「キャリア・コンサルタント制度のあり方に関する検討会」報告書

キャリア・コンサルティングの必要性は指摘されるものの，キャリアコンサルタント制度は，できてからまだ時間が経っておらず，構築途上にあった。認知度も低かった。

こうした中，設置されたのが，「キャリア・コンサルタント制度のあり方に関する検討会（座長：諏訪康雄法政大学経営学部政策科学研究科教授（当時））」である。事務局は，厚生労働省職業能力開発局キャリア形成支援室および同局能力評価課である。

同研究会は，2007年11月，報告書を取りまとめた[10]。能力評価課が事務局として名を連ねていることからもわかるように，本報告書は，キャリアコンサルティングを技能検定の対象とするこ

10　キャリアコンサルタントの資質確保に関しては，能力要件策定直後から，中央職業能力開発協会などに委託するかたちで検討がなされてきた。同検討会は，これらを踏まえ，検討を行ったものである。

とを提言するものである。

技能検定は，1959 年にスタートした，評価の定着した制度である。等級区分があり，質向上が期待できる。さらに，2001 年の職業能力開発促進法の改正によって，民間の試験機関を指定して試験を行わせる「指定試験機関制度」も創設されており，民間が試験を行ってきたキャリアコンサルタント能力評価試験とのなじみも良かった。

検討の結果，「標準レベル」の上に，豊富な経験に基づく「厚みと広がり」を持ったキャリアコンサルタントとして２級（熟練レベル）を設け，さらに，その上に，スーパービジョン機能及び領域間のコーディネート機能を併せ持つ１級（指導レベル）を設けることが妥当とされた。

本報告書では，技能検定制度とは別に，キャリアコンサルタントの継続的な学習や実践経験を維持しフォローアップできるようにするためのしくみや，職業倫理を保つためのしくみ，さらに，それを実施する組織を育成することの必要性についても提言している。加えて，個人への支援を中心としつつも，組織への働きかけを行うこともキャリア支援だと明記している。のちの「キャリア・コンサルタント養成講座・能力評価実施機関連絡協議会」，さらに，現在，登録試験機関，指定登録機関としてキャリアコンサルタント制度を支える業務を行っている「NPO 法人キャリアコンサルティング協議会」につながるものである。本報告書に関しては，こうした点についても着目すべきである。

（4）キャリアコンサルティング技能士の誕生

2008 年９月には，技能検定の職種に，「キャリア・コンサルティング職種」が加えられた。そして，同年 12 月に，第１回２

Column

1級キャリアコンサルティング技能士を探せ

キャリアコンサルタント資格は，2002 年に国が質を担保するしくみのある民間資格の位置付けでスタートしたのち，2008 年に，技能検定制度が設けられた。2016 年に，国家資格となり，登録制度が創設された。

最初から国家資格にできなかったのだろうか。

国家資格には，業務限定，名称限定を問わず，その資格なしでは，○○してはいけないという「規制」に当たる面がある。養成する必要があるからと言って，いきなり規制はできない。既に類する民間資格などもあった。どうすれば，既存の資格の良さを活かしつつ，質を担保し，人数を増やせるのか。これは難題であった。

行政は，試験機関の申請書類が基準を満たせば助成金の対象とするというかたちでお墨付きを与え，数を増やしてきたが，安心してキャリアコンサルティングを受けられるという評価も必要だった。そこで着目したのが技能検定である。技能検定は，評価が定着した制度で，民間が試験を行ってきたキャリアコンサルタント試験とのなじみもよかった。技能検定として質向上を図るという判断をしたと考えられる。

資格間の関係を見ると，レベルで見れば，国家資格キャリアコンサルタントがあり，その上に熟練レベルに相当する2級キャリアコンサルティング技能士があり，さらに指導レベルに相当する1級キャリアコンサルティング技能士がある。しかし，技能士も含め，すべてが国家資格キャリコンである。技能検定合格のみで国家資格キャリアコンサルタントとなる者もいるが，制度のつくりからみて，まずは国家資格キャリアコンサルタントで，さらに，知識・技能により，併せて，技能士と称することができると考えるべきであろう。

ところで，第1回目の1級キャリアコンサルティング技能検定合格者はたった4人だった。あまりの少なさに問題を見ると，良問だが揃いもそろってレベルが高かった。初回は気合が入り過ぎていたようだ。4人をはじめ1級キャリアコンサルティング技能士の皆さんは，キャリアコンサルタントの質向上に大いに力を貸してくれた。その意味でも，技能検定は，回り道ではなく，通るべき道だったのではないかと思う。

級キャリアコンサルティング技能士技能検定（熟練レベル）が行われた。第1回目の合格者は452人であった。

並行して，「指導レベル」である1級キャリアコンサルティング技能士の認証のしくみについても検討が進められた。こちらは，中央職業能力開発協会に委託するかたちで検討がなされ，2009年3月に，報告書が取りまとめられた[11]。

その3年後である，2011年6月には，第1回1級キャリアコンサルティング技能検定（指導レベル）が行われた。そのあたりのことは，コラムをご覧いただきたい。

（5）キャリア・コンサルティング実施のために必要な能力体系の見直し

「キャリア・コンサルティング実施のために必要な能力体系」は，2002年8月に作成されたのち，何度も見直しが行われている。順に見ていこう。

1）2006年3月見直し

2002年に能力体系が作成されたあとの環境変化等を踏まえ，2006年3月に見直し結果がまとめられた（中央職業能力開発協会，2006)。この見直しにより，モデルカリキュラムの訓練時間は130時間程度となった。2007年度から適用されている。見直しの考え方のポイントは次のとおりである。

11　2009年3月に，「キャリア・コンサルティング研究会」報告書として，公表されている。

- 当初の能力体系策定後の養成や活用の現状を踏まえ，実情に即したものにすること
- 個人に対する相談支援だけではないことを踏まえ，キャリアコンサルタントに求められる役割を明確にすること
- 資質確保の観点から，追加すべき内容及び強調すべき内容を明確にすること
- 能力体系の中で，「理解していること」と「できること」を明確に区分するとともに，「理解していること」については，必要に応じてその「程度」を示すこと。能力体系をわかりやすく整理すること

2）2011年3月見直し

2011年には，市場・社会からの要請に十分に応えられていない部分があること，前回の見直し以降，ジョブ・カード制度，キャリア教育など，新たにキャリア・コンサルタントが主な担い手となることが期待される人材育成・施策の創設・拡充がなされたことなどを背景に，見直しがなされた。これにより，モデルカリキュラムの訓練時間は，140時間程度となった[12]。2013年度から適用されている。主な見直しの内容は次のとおりである。

- エントリー資格としての位置付けを維持しつつ，①人事労務管理・職業能力開発，②メンタルヘルス，③相談実施過程において必要なスキル，④キャリア教育，若者自立支援，⑤ジョブ・カードを活用したキャリア・コンサルティングなどを，能力要件に追加・拡充する。
- 実行可能性，受講者・受験者の負荷，現行制度との連続性等を踏まえ，養成モデルカリキュラムの時間数を，現行130時間程度から140時間程度に拡大する。

12　2011年7月から2013年3月末までの間は移行期間とされ，一定の要件を満たしていれば，従前の基準に基づく指定が行われた。ただし，訓練時間については2011年12月以降は140時間以上とすることとされた。

（6）キャリア支援企業表彰など

2011年度からは，文部科学省，経済産業省，厚生労働省が3省合同でキャリア教育の先進事例を紹介する「キャリア教育推進連携シンポジウム」が始まった。

翌2012年度には，「キャリア支援企業表彰」が創設された。従業員の自律的なキャリア形成の支援に取り組む企業を公募し，優れた事例を表彰する制度である。近年，優れた企業を表彰し，その理念，内容を広く啓発・普及していくことがよく行われるようになったが，まだ，表彰のしくみは少ない時代だった。

同表彰は，2016年度に「グッドキャリア企業アワード」に呼称が変更された。大企業から中小企業まで，様々な業種の企業が表彰を受けており，2023年度までの受賞企業は延べ103社に上る。

「キャリア」について，啓発・普及していくしくみも少しずつ整い始めていた。

6 発展期：国家資格化以降

（1）職業能力開発促進法の改正（2015年改正）

「産業競争力会議『雇用・人材分科会』の中間整理（平成25年12月）」，「『日本再興戦略』改訂2014－未来への挑戦－（平成26年6月24日）」を踏まえ，2014年7月31日，第81回労働政策審議会職業能力開発分科会に，「キャリア・コンサルタント養成計画」が報告された。「標準レベルのキャリア・コンサルタ

Column

キャリアコンサルタント養成計画（10万人計画）

私がキャリア形成支援室長を拝命した 2011 年頃から，政府内でキャリアコンサルタントへの期待が高まってきた。まず，「若者雇用戦略」である。若者の失業率上昇，非正規雇用割合増加などを背景に，2012 年 6 月，労使と有識者による雇用戦略対話の合意により策定された。学校から職場への円滑な移行のために「キャリア教育」が必要だとされたが，キャリアコンサルタントも，その外部専門人材として記載された。

2013 年 12 月 26 日には，総理を議長とする産業競争力会議「雇用・人材分科会」がまとめた中間整理に「自らの職業能力の棚卸しに基づき，キャリアアップ・キャリアチェンジを考える機会を多くの国民に提供するための方策として，まず，キャリア・コンサルタントの養成計画を平成 26 年年央までに策定し，確実に養成を図る」と明記された。「『日本再興戦略』改訂 2014 ―未来への挑戦―（平成 26 年 6 月閣議決定）」にも「本年夏までにキャリア・コンサルタントの養成計画を策定し，その着実な養成を図る（後略）」と記載された。

中間整理を受け，御用納めの日に有識者の方々に専門検討会への参加をお願いした。2014 年 7 月 30 日，標準レベルのキャリア・コンサルタント及びキャリア・コンサルティング技能士の累積養成数についての数値目標（2024 年度末に 10 万人，集中養成期間終期の 2019 年度末 7 万 9 千人）が決まった。計画は翌日，労働政策審議会職業能力開発分科会に報告されたが，その日の日本経済新聞の朝刊に「企業の「転職相談員」拡充」という記事が載っていた。成長産業への移動を促すために，厚生労働省は「キャリア・コンサルタント」の資格を持つ転職相談員」を拡充する，と読めるものだった。審議会では，キャリアコンサルタントを正しく理解してもらう必要がある，数字がひとり歩きしてはいけないなど多くの意見が出された。世間ではまだ「転職相談員」と受け取る人が多かった。

2019 年度末，2021 年度末の累積養成数は，それぞれ 81,726 人，97,586 人だった。実人数にあたる登録者数は，2024 年 1 月末時点で 72,361 人である。

ント及びキャリア・コンサルティング技能士の累積養成数について，平成36年度末に10万人とすることを数値目標とする。集中養成期間の終期である平成31年度末[13]においては，当該累積養成数を7万9千人とすることを目指す。」というものである。キャリアコンサルタントが求められる時代になろうとしていた。

当時，若者の非正規雇用労働割合の上昇や，若者を「使い捨て」する企業などが，大きな社会問題となっていた。2014年9月からは，職業安定局が所掌する職業安定分科会雇用対策基本問題部会で議論が始められた。議論は，職業能力開発分科会及び若年労働者部会と共有するかたちで進められた。7回にわたる議論の末，「若年者雇用対策の充実について」という提言が取りまとめられ，2015年1月23日，職業安定分科会雇用対策基本問題部会長から同職業安定分科会長，さらに，労働政策審議会会長，厚生労働大臣へと，建議がなされた。

この建議をもとに，勤労青少年福祉法等の一部を改正する法律案要綱が取りまとめられた。関係する法律を改正し，若年者に対する職業選択の支援や，職業能力の開発・向上策を総合的に講じられるようにし，その雇用促進，能力発揮を図っていこうということになったのである。法律案要綱の諮問・答申を経て，同法律案が作成され，同年3月17日に国会に提出され，同年9月11日に可決成立した。

こうして，「勤労青少年福祉法」という古めかしい名称の法律は，「青少年の雇用の促進等に関する法律」に生まれ変わり，あわせて職業能力開発促進法も改正され，キャリアコンサルタントが国家資格となった。

改正の主なポイントは次のとおりである。

13　2019（令和元）年度末。

○円滑な就職実現等に向けた取組の促進（勤労青少年福祉法等の一部改正）
・新卒者の募集を行う企業から応募者等に職場情報を提供するしくみを創設
・ハローワークは，一定の労働関係法令違反の求人者について，新卒者の求人申込みを受理しないことができるしくみを創設
・若者に係る雇用管理の状況が優良な中小企業について，新たな認定制度を創設
・いわゆるニート等の若者に対する職業生活における自立支援のための施設の整備等

○職業能力の開発・向上の支援（職業能力開発促進法の一部改正）
・ジョブカード（職務経歴等記録書）の普及・促進
・キャリアコンサルタントの登録制の創設
・対人サービス分野等を対象にした技能検定制度の整備

2015 年 10 月 1 日施行だが，一部，施行日が異なり，キャリアコンサルタントの登録制度の創設などは，2016 年 4 月 1 日施行とされた。

若年者の職業選択や職業能力開発を支援できる専門家というところがきっかけとなり，キャリアコンサルタントは国家資格となったが，その背景には，若年者に限らず，労働者のキャリア形成支援の専門家であるキャリアコンサルタントへの期待がある。

国家資格化により，キャリアコンサルタントを名乗るには，登録試験機関が行うキャリアコンサルタント試験または技能検定試験に合格し，さらに，登録をしなければならなくなった。さらに，キャリアコンサルタント名簿登録後も更新講習の受講により 5 年ごとに更新することとされた。守秘義務・信用失墜行為の禁止義務も課され，罰則も定められた。

厚生労働省には，「キャリアコンサルタント登録制度等に関する検討会」が設けられ，登録制度を運用していくための必要な検

討を行うこととなった。登録制度の運用にあたっては，登録試験機関，指定登録機関，養成講習実施機関，更新講習実施機関が必要である。これらのうち，登録試験機関というのは，キャリアコンサルタント試験を行う機関であり，2024年3月末現在，NPO法人日本キャリア開発協会，NPO法人キャリアコンサルティング協議会が指定されている。指定登録機関は，キャリアコンサルタントの登録業務を行う機関であり，2024年3月末現在，NPO法人キャリアコンサルティング協議会が指定されている。

なお，それまでの制度との関係に関しては，登録制度施行前（2016年3月末まで）に標準レベルのキャリアコンサルタントとなった者については，国家資格に移行できる経過措置が設けられていたが，2021年3月31日をもってこの経過措置は終了している。

（2）国家資格となったキャリアコンサルタントと各種キャリア形成支援施策

この時期策定された第10次職業能力開発基本計画（2016年度～2021年度。副題：「生産性向上に向けた人材育成戦略」）でも，具体的には，キャリアコンサルタントの継続的な質の保証と計画的養成，ジョブ・カードを活用したキャリアコンサルティング，キャリアコンサルタントの専門性向上の取り組みや，セルフ・キャリアドックの導入推進などについて記載されている。国家資格となったキャリアコンサルタントには，これまで以上に，労働市場のインフラストラクチャーの1つとして役割を果たしていくことが求められるようになった。

（3）セルフ・キャリアドックの推進

セルフ・キャリアドックとは,「企業がその人材育成ビジョン・方針に基づいて，キャリアコンサルティング面談と多様なキャリア研修などを組み合わせて，体系的・定期的に従業員の支援を実施し，従業員の主体的なキャリア形成を促進・支援する総合的な取り組みや，そのための企業内の「仕組み」のこと」である。「『日本再興戦略』改訂 2015（平成 27 年 6 月 30 日閣議決定)」を踏まえ，推進されている。

2016 年度～ 2017 年度には，モデル企業を対象に,「セルフ・キャリアドック導入支援事業」, 続く 2018 年度～ 2019 年度には，複数の拠点を置き，全国の企業を対象とした「セルフ・キャリアドック普及拡大加速化事業」が実施され，その推進を図った。

2020 年度からは，ジョブ・カードセンターを再編・整備した「キャリア形成サポートセンター」[14] でも，セルフ・キャリアドック導入支援などを行うようになった。

（4）新ジョブ・カード，ジョブカードのデジタル化

2008 年に，非正規雇用労働者などの安定的な雇用への移行促進を目的に創設されたジョブカードは，その後,「新全国推進基本計画」(2011 年 4 月 21 日ジョブ・カード推進協議会）において，求職者，在職者や学生等に対しても幅広く活用を図ることとされ，推進が図られてきた。

14　2023 年 4 月 1 日から,「キャリア形成サポートセンター」は,「キャリア形成・学び直し支援センター」となった。

「『日本再興戦略』改訂2014（平成26年6月24日閣議決定）」を踏まえ，ジョブ・カードを「生涯を通じたキャリア・プランニング」および「職業能力証明」のツールとし，求職活動，職業能力開発などの各場面において活用すべく見直しが行われた。さらに，2015年改正職業能力開発促進法では，国は職務経等記録書（ジョブ・カード）の普及・促進に努めることとされた。新たな様式（平成27年9月30日厚生労働省告示第408号）が定められ，2015年10月1日から，新ジョブ・カード制度に移行した。

その後，2022年10月には，ジョブ・カードはデジタル化され，「マイジョブ・カード」となった。これにより，オンライン上でジョブ・カードを作成・管理・更新できるようになったほか，関連サイトとの連携などもできるようになった。「人生100年時代に，キャリアを考え，学び続けるためのお役立ちツール」として，さらに，期待が高まっている。

（5）職業情報提供サイト（日本版O-NET）（愛称：job tag（じょぶたぐ））

2020年に開設された職業情報提供サイト（日本版O-NET）（愛称：job tag（じょぶたぐ））は，職業情報を「見える化」し，求職者等の就職活動や企業の採用活動等を支援するWebサイトである。約500種類の職業について，職務の内容，入職経路，労働条件の特徴（労働時間，賃金など），就労している者の特徴としての職業能力プロフィール（スキル，知識，仕事に対する興味，仕事に対する価値観など）などを分かりやすい解説文と数値データで提供している。

開発当初よりキャリアコンサルティングでの活用が想定されており，「個人での利用」，「企業での利用」のほか，「支援者としての利用」という入り口も用意されている。職務内容，スキル・知識，免許・資格，経験が求められる度合いなど，様々な観点から職業検索ができるほか，職業興味検査，価値観検査，簡易版職業適性テストなど，興味・価値観から職業を検索できる機能がある。希望する職業に不足する能力，身に付けるべき能力を確認したり，何をできるようにすべきかを整理したりすることもできる。従業員の業務の見える化による職務分析の支援などにも利用できる。ハローワークインターネットサービスの求人情報ともリンクしているほか，マイジョブ・カードから job tag を参照したり，job tag のマイリストをマイジョブ・カードに保存したりすることもできるなど，キャリアコンサルティングを行ううえで，頼りになるツールである。

（6）専門実践教育訓練給付

1998 年に創設された教育訓練給付は，2014 年に拡充され，「専門実践教育訓練給付」が設けられた。これにより，中長期的キャリア形成に資する専門的，実践的な教育訓練については，より充実した給付が行われるようになった。2019 年 10 月には，新たに「特定一般教育訓練給付」が新設され，速やかな再就職と早期のキャリア形成に資すると認められる訓練については，一般教育訓練給付よりも手厚い給付が受けられるようになった。

「専門実践教育訓練給付」「特定一般教育訓練給付」の受給を希望する者は，受講前にキャリアコンサルティングを受ける必要がある。キャリアコンサルティングを前提とした施策も増えてきた。

(7) キャリア・コンサルティング実施のために必要な能力体系の2018年3月見直し

2018年には，キャリア支援に関わる社会環境，産業構造・労働構造の変化や，労働政策上のキャリア支援の重要度の高まりなどを受け，見直しが行われた。キャリアコンサルタントが「働き方改革」や「人生100年時代構想」等における新たな政策的課題に対応した役割を的確に担うことができるようにしたのである。これにより，養成モデルカリキュラムの訓練時間は，150時間程度となった。2020年度から適用されている。

主な見直しの内容は次のとおりである。

- セルフ・キャリアドック等の企業におけるキャリア支援の実施に関する知識・技能
- リカレント教育等による個人の生涯にわたる主体的な学び直しの促進に関する知識・技能
- 職業生涯の長期化，仕事と治療，子育て・介護と仕事の両立等の課題に対する支援に関する知識・技能
- クライエントや相談場面の多様化への対応に関する知識・技能

厚生労働省（2023）は，コロナ禍，DX加速化などによる働き方や企業のビジネス環境の変化，リ・スキリングの重要性の高まりなどを踏まえ，キャリアコンサルタントに共通して求められる能力要件に加え，領域等に応じた専門的な知識・技能の整理が必要だという。また，更新要件についても，現在の能力向上の取り組みの実態なども踏まえ，能力要件の見直しと併せて，改めて検討することが適当であるとしている。

（8）第11次職業能力開発基本計画

第11次職業能力開発基本計画（2021年度～2025年度）は，新型コロナウイルス感染症の影響によるデジタルトランスフォーメーション（DX）の加速化や労働市場の不確実性の高まり，職業人生の長期化など，労働者を取り巻く環境が大きく変化する中で策定された。企業における人材育成，労働者の主体的な能力向上・キャリア形成の推進に，戦略的に取り組もうというもので，キャリアコンサルティングについては，これまでにも増して重視された。キャリア形成サポートセンターの整備やセルフ・キャリアドックの導入支援・推進，ジョブ・カードを活用したキャリアコンサルティングの推進，キャリアコンサルタントの実践力向上・専門性向上に向けた取り組みの推進などに取り組んでいく旨が記載された。

（9）リ・スキリングとキャリアコンサルタント

2020年以降，新型コロナウイルス感染症の影響で，DXが加速するなど，急速かつ広範な経済・社会環境の変化が生じている。学び・学び直しの必要性が指摘される中で，2022年3月には，職業能力開発促進法が改正され，キャリアコンサルティングやキャリアコンサルタントに関する記載は，さらに具体的，充実したものとなった。

「人への投資」が大きな課題となる中で，厚生労働省は，2022年6月「～職場における学び・学び直し促進ガイドライン～」を公表した。学び・学び直しの実践を強く意識したもので，経営者はもちろん，実施に当たって鍵となる現場のリーダー，さらに，サポート役としてキャリアコンサルタントを登場させている。

さらに，2023年5月16日には，新しい資本主義実現会議で「三位一体の労働市場改革の指針」が取りまとめられた。同指針によると，労働市場改革の柱は，「リ・スキリングによる能力向上支援」「個々の企業の実態に応じた職務給の導入」「成長分野への労働移動の円滑化」である。

2024年度予算案には，在職時からの継続的な支援を行う「リ・スキリング推進相談支援事業（仮称）」，教育訓練給付の拡充など，キャリアコンサルタントなしでは実施できないものも数多く含まれている。キャリアコンサルタントは，さらに活躍していくことが期待されている。

7 おわりに

長くなってしまったが，まずは，ここまでお付き合いいただいたことに感謝したい。既に，お伝えしたいことについては記載したが，重ねてお伝えしたいことを2点書かせていただき，この章を終えたい。

お伝えしたいことの第1は，多くの方の力があってここまで来たのだ，ということである。

私がこの章を執筆したが，行政の中で言えば，キャリアコンサルティングに着目し，キャリアコンサルタント制度を創設したのは，草野隆彦[15]氏であり，自らその弟子と称する半田有通[16]氏で

15　職業能力開発局職業能力開発課長（当時）など。「3　確立期Ⅰ：職業能力化初施策の柱に」の「職業能力開発促進法の改正（2000年改正）」の節および「コラム：キャリアコンサルタント５年間５万人計画」を参照のこと。

16　職業能力開発局キャリア形成支援室長（当時）。「コラム：キャリアコンサルタント５年間５万人計画」を参照のこと。

ある。その後，国家資格化を担ったのは，キャリア形成支援室長を経験したのち，人材開発統括官付参事官（若年者・キャリア形成支援担当）として再びキャリアコンサルティング施策をリードした伊藤正史氏である[17]。さらに，それが出来たのは，木村周先生，今野浩一郎先生，諏訪康雄先生，樋口美雄先生，花田光世先生をはじめ，数々の先生方から，お知恵をいただけたからである[18]。

しかし，それだけでは，ここまで来ることはできなかった。本書の執筆者のひとりである立野了嗣氏をはじめ，講座や試験を実施していた団体の皆さんの理解と協力があったことも大きい。苦労して得た貴重なノウハウを提供いただいたこともあった。キャリアコンサルタント全体，世の中全体のことを考えてくださったのである。そして，団体から理解や協力を得ることができたのは，中央職業能力開発協会からキャリアコンサルティング協議会に転じた山口満氏の力があったからである[19]。

お伝えしたいことの第２は，現在の施策との関係である。政策としてのキャリアコンサルティングは，産業構造が変化する中で，中高年ホワイトカラーを何とかしよう，主体的に学ばせよう，というところから始まった。むろん，キャリアコンサルティングのルーツは，職業能力開発行政だけにあるわけではないが，政策面からルーツを探ると，もとは，今で言うところの「リ・スキリング」である。若年者対策の充実が直接のきっかけとなり，国家資格となったが，今，改めて，政策の原点である「主体的に学ぶこ

17　彼らだけでなく，その上司，部下，さらに，私自身も含め，当該時期以外にキャリアコンサルティング業務に携わった職員の力があってのことだということは言うまでもない。

18　ここに挙げた以外の方も含め，実に多くの先生方から，お知恵をいただいた。

19　講座や試験を実施していた団体の皆さんについても同様である。ここには，執筆者のひとりである立野了嗣氏，中央職業能力開発協会時代から，キャリアの問題に取り組み，その後，キャリアコンサルティング協議会の専務理事・事務局長として尽力された山口満氏の名前のみを挙げたが，多くの団体の皆さんに協力いただいた。

とを支援する」ことに焦点が当たっている。長く，キャリアコンサルティングのためのツールが揃っていない状態が続いたが，job tag（じょぶたぐ）などのツールも出来た。

思えば，キャリアコンサルタントは，常に期待先行だった。重要だ，と言われつつ，量も，質も，ツールも，圧倒的に足りなかったが，そのような中で，何とかここまで来た。

働き方やビジネス環境が変化し，リ・スキリングの重要性が高まる中で，キャリアコンサルタントへの期待は高まっている。さらに学べと言われることもありそうだが，キャリアコンサルタントは，そもそも，専門家としてリ・スキリング支援を期待されている立場である。学び続けるしくみもあり，学び合う仲間もいる。キャリアコンサルタントのみなさんが，さらに学び，実践を積む中で力を伸ばし，その力を世の中のために発揮してくださることを願ってやまない。

戦後の職業能力開発施策の動向と現状・課題

年代	1945年〜	1955年頃〜	1970年代〜	1980年代中頃〜
経済情勢など	**戦後復興期** ○復興への取り組み	**高度成長期** ○高度成長 ○急速な工業化	**オイルショック前後** ○変動相場制移行 ○石油危機に伴うインフレの進行	**バブル経済期** ○プラザ合意による円高 ○バブル経済発生と景気拡大
社会背景	**激しい労使対立** ○過酷な労働環境による争議行為 ○大量復員等による労働力過剰，失業者発生	**労働力需給逼迫** ○若年層，技術者等の労働力不足 中卒者＝“金の卵” ○分野別に労働力需給の不均衡発生	**急激な賃金上昇** ○企業は減量経営へ転換，失業者増 ○1974 年春季賃上げ率が 32.9％と大幅な賃金上昇	**生活の質的向上** ○経済成長の成果を生活の質的向上につなげるため，労働時間短縮等労働条件改善の動き
労働法制	**基本法の整備** ○労働組合法，労働関係調整法，労働基準法の制定等	**積極的雇用政策** ○雇用対策法，職業訓練法の制定等	**失業の予防** ○雇用保険法，雇用安定資金制度の制定等	**働き方の多様化** ○男女雇用機会均等 パートタイム労働 雇用保険法，育児
職業能力開発施策	**技能労働者の育成** ○労働力不足時代に即応した技能労働者の養成・確保のための職業訓練や技能検定の実施体制の制度的基盤の確立 旧職業訓練法の制定（1958 年） 職業訓練法の制定（1969 年）		**事業主等が行う職業訓練の推進** ○雇用保険法における3事業の1つとして，能力開発事業を創設 雇用保険法の制定（1974 年） ○生涯職業訓練，生涯技能評価体制の確立 ○委託訓練の創設 職業訓練法の改正（1978 年）	○事業内職業能力開発計画の策定，有給休暇の付与等による労働者の職業能力の開発・向上等 ○委託訓練の積極的な活用等 職業能力開発促進法の制定（1974 年）

経済の好循環実現に向けた政労使会議（第 1 回）（平成 26 年9月 29 日）樋口委員提出資料を，加工し作成

出所：浅野浩美（2022）『キャリアコンサルタント・人事パーソンのためのキャリアコンサルティング組織で働く人のキャリア形成を支援する』労務行政 .p.121. に追記

1990年代前半～	1990年代後半～	2000年代中頃～	2010年代後半～
バブル経済崩壊後 ○バブル経済崩壊と景気後退 ○資産価格の下落 ○不良債権の発生	**低成長期** ○アジア通貨危機 ○金融危機 ○デフレの進行	○世界金融危機 ○東日本大震災の発生 ○デフレの継続	○人生 100 年時代の到来 ○DXの進展・加速 ○新型コロナウイルスの感染拡大
国民意識の多様化 ○失業率の上昇 ○産業構造の転換 ○労働者の就労・生活意識の多様化 ○共働き世帯増加	**多様な問題** ○若者失業率上昇 （フリーター，ニート） ○グローバル化による国内産業の空洞化 ○少子高齢化による労働力人口減少	○賃金の伸び悩み ○非正規労働者の増加 ○教育訓練費の低下・横ばい ○労働力の担い手不足 ○進まぬ生産性の向上 ○成長分野等への労働移動	○リ・スキリングの必要性増大 ○副業・テレワークなど新しい働き方の登場
法，労働者派遣法， 法の制定，労働基準法， ・介護休業法の改正等	**就業機会の拡充** ○高年齢者雇用安定法，労働者派遣法，雇用対策法の改正等	○労働契約法，女性活躍推進法，外国人技能実習法の制定，パートタイム労働法，労働者派遣法，高年齢者雇用安定法，職業能力開発促進法の改正等	○働き方改革関連法の改正，高年齢者雇用安定法の改正，育児・介護休業法の改正

労働者の主体的なキャリア形成の支援

1990年代前半～	1990年代後半～	2000年代中頃～	2010年代後半～
○若年の技能離れの風潮を踏まえた，職業訓練の体系の整理，国際協力の推進 ［職業能力開発促進法の改正（1998 年）］	○教育訓練休暇制度の充実等自発的な能力の開発・向上の推進 ［職業能力開発促進法の改正（1998 年）］ ○教育訓練給付制度の創設 ［雇用保険法の改正（1998 年）］	○実習併用職業訓練制度の創設（2008 年） ○求職者支援制度の創設（2011 年） ○専門実践教育訓練給付の創設（2014 年）	○特定一般教育訓練給付の創設（2019 年）

【主な引用・参考文献】

浅野浩美（2022）『キャリアコンサルタント・人事パーソンのためのキャリアコンサルティング　組織で働く人のキャリア形成を支援する』労務行政

キャリアコンサルティング協議会編（2020）「学ぶ，働く，生きるを支援するキャリアコンサルタントに求められるもの」キャリアコンサルティング協議会

キャリアコンサルティング協議会「国家検定 キャリアコンサルティング技能検定」https://www.career-kentei.org/（2023 年 12 月 24 日閲覧）

中央職業能力開発協会（2006）「厚生労働省委託事業「キャリア・コンサルティング研究会～キャリア・コンサルティング実施のために必要な能力体系の見直し等に係る調査～報告書（平成 18 年 3 月）」

中央職業能力開発協会「技能検定について」https://www.javada.or.jp/jigyou/gino/giken.html（2023 年 12 月 24 日閲覧）

中央職業能力開発協会「協会の概要及び沿革」https://www.javada.or.jp/kyoukai/gaiyo.html（2023 年 12 月 30 日閲覧）

平野敏彦（2015）「又は・若しくは・並びに・及び・かつ：法令用語釈義その 3」『広島法科大学院論集』11，pp.115-152

人材育成学会編（2019）『人材育成ハンドブック』金子書房

木村周（2003）『キャリア・カウンセリング　理論と実際，その今日的意義　改訂新版』雇用問題研究会

厚生労働省「第 7 ～ 11 次職業能力開発基本計画」

厚生労働省（2001）「平成 13 年 10 月 1 日付能発第 416 号「労働者のキャリア形成支援の推進について」（各都道府県知事，雇用・能力開発機構理事長，中央職業能力開発協会会長あて厚生労働省職業能力開発局長通知）

厚生労働省（2002）「キャリア形成を支援する労働市場政策研究会報告書」

厚生労働省（2005）「第 26 回労働政策審議会職業能力開発分科会 参考資料 1」

厚生労働省（2007）「キャリア・コンサルタント制度のあり方に関する検討会」報告書

厚生労働省（2014）「労働政策審議会第 81 回職業能力開発分科会 資料 4「キャリア・コンサルタント養成計画について」」

厚生労働省（2023）「キャリアコンサルタント登録制度等に関する検討会報告書～キャリアコンサルタントがその役割を果たしていくために～」

厚生労働省職業能力開発局長（2014）「「キャリア・コンサルタント養成計画」の策定について（平成 26 年 7 月 30 日）」（能発 0730 第 1 号）

厚生労働省・中央職業能力開発協会（2009）「キャリア・コンサルティング研究会」報告書

厚生労働省職業安定局雇用政策課（1999）「第 9 次雇用対策基本計画について－今後の労働市場・働き方の展望と対策の方向－」『職業安定広報』，雇用問題研究会，50（22）（1374），3-7，労働省・厚生労働省 各年職業訓練基本計画・職業能力開発基本計画

三菱リサーチ＆コンサルティング株式会社（2011）「厚生労働省委託事業「キャリア・コンサルティング研究会」報告書（平成 23 年 3 月）」

内閣府（2011）「第7回 ジョブ・カード推進協議会（平成23年3月4日）資料3登録キャリア・コンサルタントについて

労働省「第1～3次　職業訓練基本計画」

労働省「第4～6次　職業能力開発基本計画」

労働省（2000）「今後の職業能力開発の在り方研究会」報告

労働省職業能力開発局能力開発課（1994）「ホワイトカラーの専門的職業能力の開発，評価システムの確立が急務」日本労働研究所，日労研資料47（8），pp.8-20

労働省職業能力開発局能力開発課（1996）「個人主導の職業能力開発の推進を　自己啓発推進有識者会議報告書」，日本労働研究所，日労研資料49（1）（1185）

労働政策研究・研修機構（2022）『資料シリーズNo.250先進各国のキャリア関連資格及びキャリア支援のオンライン化に関する研究』

労務行政研究所編（2008）『改訂版 職業能力開発促進法－労働法コンメンタール8－』労務行政

労務研究会（2000）「今後の職業能力開発の在り方研究会」労務研究53（10）（628）

若者雇用戦略（雇用戦略対話第8回会合合意（平成24年6月12日））

第1部
日本のキャリアコンサルティングの歴史

第2章
キャリアカウンセリング導入期における日本キャリア開発協会（JCDA）の役割

立野了嗣

1 日本版 CDA 資格と要請プログラムの開発

(1) キャリアカウンセリング導入前期

私は，仲間と共にキャリアカウンセラーとなる為の資格（CDA：Career Development Adviser）とそれに対する養成プログラムを開発し，2000 年にそれらを管理する NPO 法人日本キャリア開発協会（JCDA：Japan Career Development Association）を設立した。その CDA 資格が国家資格（キャリアコンサルタント）となった現在の状況は，事業を志した当時から思えばまさに隔世の感である。この間の発展は，厚生労働省，その他関係各機関の努力の賜物である。そして，今後ますますキャリア形成に関する環境は，整備され，発展して行くと思われる。本章では，JCDA サイドから観た，日本におけるキャリアカウンセリング／キャリアコンサルティング導入の経緯を記そうと思う。

私は，46 歳（1999 年時点）の時に JCDA を設立し，日本におけるキャリアカウンセリング資格，CDA を創設した。後に国家資格化され（2016 年），現在（2023 年）に至る。この間，約 24 年間，キャリアカウンセリングが日本でどのように展開されて来たのかを JCDA の視点から記そうと思う。しかしその前に，キャリアカウンセリングを通じて私が，何を実現しようと思ったのかを是非知っていただきたい。その為に大学生時代から話を始めようと思う。

私は，大阪の大学を卒業した。大学時代，後に JCDA が考える「経験代謝」というキャリアカウンセリング理論を案出するきっかけとなった経験がある。大学生活は下宿で過ごした。夏休みなど長い休みも自宅には帰らず，昼はアルバイト，夜は読書（たまに友人と遊んだり）の生活だった。『孤独な群衆』（デビット・リースマン著）という本を下宿で読み終えた。デビット・リースマンはこの著書を通じて社会的性格論という分野を打ち立てた。社会的性格論とは，それぞれの時代の社会特性によって特長づけられ社会情勢によって変化するもので，伝統指向型から内部指向型，他人指向型へと変化すると論じている。その頃，私は「自分は，いったいどんな人間なのか」。自分自身について考えることに関心が向かっていた。私は，特にこの本の「他人志向」という言葉に反応した。自分の中にも「他人志向」を感じていた。本を閉じ，その後，寝床で数時間考え続けた。その時考えた命題は「他人（者）から観た自分ではなく，自分で自分を証明／確認出来るのか？」というものだった。

我々がアメリカのプログラムを参考に日本版を開発しようとした時，「日本人は，他者志向の傾向が強い，『個』の意識が発達した欧米の理論をベースにしたカウンセリングは日本では通用しない」と当時この分野で著名な先生方から意見を頂いた。大学時代のこの問題意識は，全く私の個人的な問題意識であったが，今から思えば日本人の持つ一般的な傾向に対応していたように思う。つまり，他者志向的な私が「個」を省みようとしたこの学生時代の試み（その時手段までは行き着かなかった）は，その後，キャリアカウンセラー養成プログラムを開発し，「キャリアカウンセリングとは，何か」を考える際，期せずして，ではあるが，“意識すべき課題”として生かされることになった。他者志向的とされる日本の傾向も，「個」の意識が強いとされる欧米の傾向も，何れも社会化のプロセスの違いが生み出すものであり，それを受け止める人間性には世界共通，人類共通のしくみに根差すものがあるように今は考えている。

　話を下宿の部屋に戻そう。

「自分で自分を証明／確認出来るのか？　どうすれば出来るのか？」この問から考え始めたように記憶する。四畳半ほどの下宿の寝床で，２時間余りそのことだけを考えた。ここでは，様々に考えた途中経過を省き，たどり着いた言葉だけをお伝えする。それは「関係を取り込む」という言葉だった。私とこの部屋との関係，友人との関係，親，学校，日本，世界……「すべての関係を自分の中に取り込む。“すべて”，そうだ宇宙を取り込めばいいんだ」と考えたのがその夜にたどり着いた最後の考えであった。そして安心して眠りについた。

　この経験は，その後長く私の頭の中にあり，折に触れて思い出し，考え続けるものとなった。なにを考えたのか。「関係を取り込む」という言葉にたどりついた訳だが，どうすればいいのか，何をどうすれば関係を取り込むことが出来るのか，という疑問が残った。それがJCDAが考えるキャリアカウンセリング理論，経験代謝理論に発展するお話は，後述する。

　私は，仕事柄キャリアカウンセリングを通じて様々な人生に出会う。中には他者志向的なこれまでの人生態度に気づき「自分で自分を確認することの重要さに気づく」方が少なからずいらっしゃる。逆に他者志向，他者依存的だった自分に気づき，他者に依存して来た今までの人生（例えば親が描いた人生を歩んで来た，など）は，自分の人生ではないように思い，酷い場合には，生きていること自体に否定的になってしまわれる方もいらっしゃる。

　人間は社会的な動物，関係性の中で自己を確認するように生まれついているともいえる。しかし，「関係性」を評価する目を持つことは出来る。関係性に埋没するのではなく，ある種の集団(家族，職場，学校のクラス……）に帰属しながら，一方で個性を発揮し，集団と肯定的な関係を創り，影響を相互に与えながら生きるという在り方が，発展的で自律した生き方のように思うのである。私の学生時代の問題意識は，後にJCDAが考える経験代謝によるキャリアカウンセリングの基礎を生み出すに至る。

では，また話を学生時代に戻す。就職に際しては，公務員の心理職を希望したが夢破れ，人材ビジネスと社会人教育を事業とする民間の小さな会社に就職した。最初大阪で勤務し，30歳で東京本社に転勤，46歳でJCDAを立ち上げ，57歳でJCDA専任となるまで，要は会社勤めの期間でお伝えしたい話が２つある。１つは，カウンセリングではなく，「キャリアカウンセリング」を考えた経験，もう１つは経験代謝（前述した『孤独な群衆』に続く話）の発想を得た経験である。

まず，「キャリアカウンセリング」を考えた経験から。「キャリアカウンセリング」などという言葉は，世間でほとんど聞くことが無かった，そんな時代の話である。

大阪での仕事は営業であった。訪問先は，主に企業の人事・教育担当者だった。ある金融機関の方から「『キャリアカウンセリング』という言葉を知っているか？」と聞かれたことがあった。時代は，1970年代後半である。「キャリア」または「カウンセリング」は耳にする言葉だが「キャリアカウンセリング」という単語は，当時ほとんど世間に存在しない言葉だった。私にとっては，この言葉を耳にした最初の経験だったが，なぜか強く印象に残った。そのような時，カウンセラーの方にセミナーを依頼する企画が社内で持ち上がり，私が担当することになった。当時関西でその方面の専門家として知られたカウンセラーの方に仕事の依頼を兼ね，先生が運営されるカウンセリングルームに同僚と２人でお伺いした時の経験である。

先生の話は，私の興味分野でもあり，２時間近くあれこれとお話頂いた。「心の病」の話が中心であった。その方面の専門家なので，当然である。しかし，先生の事務所からの帰り道，私は，なんとも言えない暗い気持ちになっていた。大学時代，あんなに興味を持っていた心理臨床の世界，沢山本を読み，プレールームその他で経験も積んだ。しかし，プロの方から臨床カウンセリングの実際を聞き，感じた印象は「社会から隔離された，病理の世界」であった。「カウンセリング」というアプローチを社会との関係の中で展開したい。「『心のメカニズム』を実社会の仕組みの中で生かしたい」，このような思いをこの経験をしたことで私の心の中で明確となった。「カウンセリング」と「キャリアカウンセリング」の違いを意識し，私の興味は心理臨床の世界からキャリアカウンセリングに大きくシフトした。

２つめの経験は，「経験代謝の発想」を得た経験である。この部分については，拙著『経験代謝によるキャリアカウンセリング』（晃洋書房，2017 年）に詳しく書いたので興味のある方は参照いただきたい。

30 歳（1983 年）で東京本社転勤，以降企画畑で仕事をした。ある時，京都の有名私立大学から大学院での講義の依頼があり，週１回，90 分の授業を４回行ったことがあった（以降何年間か続いたが，担当教授が退職されて無くなった)。週１回，約１か月間，仕事中も絶えずこの大学での授業のことが頭にあった。特に授業の当日は，大学に向かう電車の中から（東京から日帰りで行っていた)，授業中はもちろん，自宅への帰り道，自宅に帰り寝床に入ってからも今日の反省，次回の内容などをひたすら考えた。朝から晩までずっと考えるということを繰り返した。

講義のテーマは「キャリア形成」。ダグラス・ホールの理論を中心に講義内容を組み立てた。ある夜，ホールの言うキャリア形成に必要な２つの能力（メタコンピテンシー）「アイデンティティ」と「アダプタビリティ」について考えていた。頭をよぎったのは，ホールの論文「キャリア適応性」の７章にあった２行の文章だった。それは「主に個人を扱うアイデンティティとは対照的に，アダプタビリティは（変化する）課題をより重視している」という文章である。

アイデンティティは自己概念，アダプタビリティは適応性，と言える。この２行の文章がひっかかったのは，先行経験が頭にあったからだ。先にお話しした学生時代の経験である。学生時代，『孤独な群衆』という本に出会い，「関係を取り込む」という考えにたどりついた訳だが，「『何をどうすれば関係を取り込むことが出来るのか』という疑問が残った」と申し上げた。以来，京都の大学で講義を行うに当たって寝床で現在の経験代謝の着想を得るまでの 30 年間，折にふれて考え続けて来た疑問，それがアンテナとなり，ホールの概念と出会い，経験代謝の初期の概念図が浮かび上がって来たのである。

寝床から起き出し，書斎の机に向かって思いついた図を描いた。それが，現在の「経験代謝サイクル」の原型である。図の左に「人」，右に「経験」の言葉が記され，それらが上に左から右へ，下に右から左へと矢印で結んだ図（図１）になっているが，最初はホールの言葉を引用し現在「経験」のところは，当初「課題」としていた。それが現在発展し，JCDA が考えるキャリアカウンセリングの理論となっている。

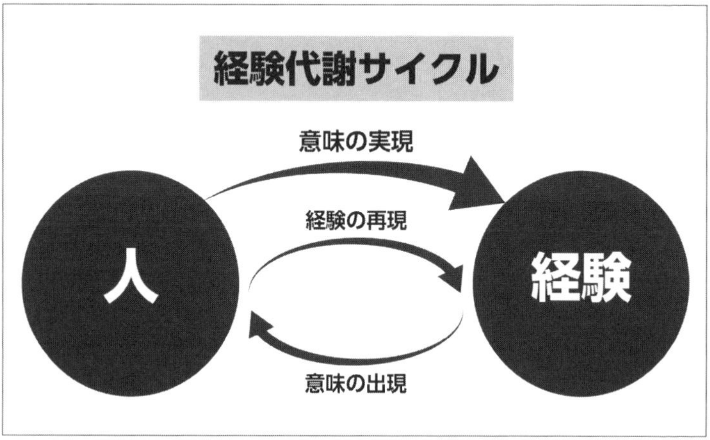

図１：経験代謝理論の概念図

「人」と「経験」

この図には，まず２つの円が描かれている。左の円に「人」，右の円に「経験」とある。これはある「人」がある出来事を経験する訳だが，その経験をした「人」とその「経験」である。

経験代謝の最大の特徴は，「人」と「経験」を分離して描いたことである。

自身が語る経験を「主観の産物」だという意識はない。経験に主観が反映していることを意識することは，主観の客観視とも言える。それを「経験を観る」と表現している。つまり「経験を語るその『語り』の表現の中に，語る人のモノの見方，考え方が投影されている」と考える。

経験代謝サイクル

２つの円，「人」と「経験」を３本の矢印が結んでいる。
「人」から「経験」に向かっている矢印が２本ある。上から２番目の矢印に「経験の再現」。
「経験」から「人」に向かう矢印に，「意味の出現」とある。
「経験の再現」と「意味の出現」が対の関係になっている。つまり，再現された経験の中にそれを語った人のモノの見方，考え方が現れる(「経験に映る（投影される)」)。

「経験代謝によるキャリアカウンセリング」より抜粋要約

(2) 経験代謝に基づいたキャリアカウンセリング

1)「つながり」

経験代謝で重要視している考え方を「つながり」と考える。「つながり」と聞くと，一般的に「人と人のつながり」を連想される方が多いかも知れない。ここで考える「つながり」はそれだけではない。「つながり」は自分についての考え方を，より良い方向に促す心の「働き」である。しかし，その「働き」は「つながり」を阻む方向にも機能する。時にそれらが，悩みや不都合な問題を生み出す。

キャリアカウンセリングは，心の中で「忘れてしまおう」「見ないようにしよう」としていた部分と，今までの自分が認めていた部分とをつなげていく「つながり」を考えるアプローチである。見たくない，受け入れたくない自分自身と「つながる」ことで，受け入れがたい出来事や事柄とつながり，受け入れがたい他者とつながりが出来ると考える。

2)「人」と「社会」

キャリアカウンセリングは，個人の「つながり」を通し，社会へとつながって行く。

つまり「つながり」は，外に向かって「人と人」だけでなく，「会社と会社」「組織と組織」，もっと大きく言うと「国と国」のつながりも同様な考え方で展開していくことができるのではないかと考える。たとえば，ある国が大きな社会問題を国内で抱えていたとすると，その国は他の国との関係の中に，その国内の問題と関連した形の問題を他国との間でも引き起こしているように見受けられる。他国に対する認識の仕方には，国内の問題が反映し，つながっているわけである。社会の状況は個人の人生の背景要因として働き，自分についての考え方は社会を構成する。

キャリアカウンセリングとは，個人の「つながり」を通して，「人と人」「人と組織」など様々なレベルでの「つながり」を作って影響を及ぼしていくアプローチであると考える。

キャリアカウンセリングは政治ではない。国や社会に直接的に働きかけるということではない。キャリアカウンセリングの対象は個人である。個人が自身の背景に広がる社会とつながっていくことを意識していく必要があると考える。

（3）CDA（キャリアコンサルタント資格）導入への歩み（導入初期）

CDA 資格のきっかけは，アメリカで生まれた。現在のキャリアコンサルタント資格の源流もアメリカにある。よってこれからの話，導入初期の話の舞台は，アメリカが中心となる。

1）「キャリアカウンセリングとは，何か」を求めて視察旅行

「カウンセリング」という言葉は，日常会話の中には存在しても，心理学系の開講科目に「カウンセリング」が現れ始めたのは，1990 年頃で，少なくても私の在学した 1970 年代にはほとんどなかった。心理学の分野の中では，マイナーなテーマだった。

私は前述のような経験を通じてキャリアカウンセリングに興味を持ち，東京に転勤後，社会人対象に開催されているカウンセリングの講座に 3 年間ほど通って勉強をした。そのような時，「産業」と名の付くカウンセラー資格が技能士資格になったという情報を耳にし，週末約半年かけて講座に通った。「産業」と名がつ

けば，きっと中身は，キャリアカウンセリングに近いモノだろうという推測の下に申し込んだが，見事に外れた。「キャリア」という言葉すら講座の中では聞かれなかった気がする。

2）「キャリアカウンセリングとは,何か？」を求めて／1994年

「キャリア開発」「キャリア形成」など，レポートや関連書籍の中で「キャリア」について述べている方が，当時国内でも何名かいらっしゃった。私は，これらの方々を訪ね，「キャリアカウンセリングとは何か」をダイレクトに尋ねて回った。それまで存じ上げている方もいたがこの時初めてお話する方もいた。どの方も時間をとり丁寧に教えてくださった。私の40歳代前半のことである。

結果から言うと「キャリアカウンセリングとは何か」という問いに対して明確な答えは，得られなかった。その結果は今から思えば当然で，当時も今も「キャリアカウンセリングとは何か」は，キャリアカウンセリングを担おうとする者が己で創り出すものであって「外」に求めるものではないと思う。それぞれ先生方のお話は，先生方の「キャリアカウンセリング」だったのだ。しかし，当時の私はそうではなかった。「外」に求めたのである。

3）アメリカへの視察の旅

アメリカがキャリアカウンセリングの発祥の地，アメリカでこの分野の研究者を訪ねればキャリアカウンセリングとは何か，を知ることが出来るかも知れない。この単純な動機がその後，日本に新しいキャリアの世界を拓くことにつながったと私は考えている。

アメリカの研究者を訪ねようと思い立った。それにはアメリカに行かなければならない。

当時の社長にそのことをお願いにあがった。すると社長は，「適当に企画書を出せ，適当に承認してやるから」と，なんともありがたいお言葉をくださり，アメリカへの視察旅行が決定したのだった。その企画書には，「キャリア診断ツールの探索」とか書いたように思う。商品開発のテーマ探索の為，という体裁である。

アメリカと言っても，まず，どこの，誰に会いに行くかを決めなくてはいけない。まったく一からのスタートだった。その頃私の部署にいた大原良夫氏（後の JCDA 理事長・2017 年～）と視察旅行の計画を練った。

様々な方面に情報を求めた。中でも今の日本労働研究・研修機構（通称：JILPT），当時の雇用職業総合研究所（通称：雇用職研）の研究員でいらっしゃった川崎友嗣先生から大変有効な助言をいただいた。因みに先生は，その後，私が卒業した母校の大学で，職業心理学の教授になられ，学業と共に，主に厚生労働省の依頼により，キャリアコンサルティング制度に関する各種委員会の座長などを通して，この分野の発展に大きく貢献をされたことを述べておきたい。そして先生は，残念なことに 2020 年に若くして（享年 59 歳）お亡くなりになった。誰からも慕われる，笑顔のいい，誠実を絵に描いたような先生であった。

川崎先生から 2 人の研究者を紹介頂いた。1 人は，当時ペンシルバニア州立大学でカウンセリング教育，キャリア開発の研究をしておられたエドウィン・ハー（～ 2016 年，享年 82 歳）先生。もう 1 人は日本国内の研究者で，当時明治学院大学でカウンセリング心理学，キャリアカウンセリングなどを研究していらっしゃった渡辺三枝子先生（現：筑波大学名誉教授）である。

渡辺先生はアメリカで学位を取られ，ハー先生の研究室に在籍，帰国後川崎先生と同じく雇用職研にいらっしゃった。川崎先生の先輩である。我々が雇用職研にお伺いした時には，雇用職研から明治学院大学に移っていらっしゃった。渡辺先生からは，アメリカにおけるカウンセリングないしキャリアカウンセリングに関する資格制度や各機関の役割などをお聞きした。先生はアメリカで，「アグネス」の愛称で呼ばれているとのことであった。以降，アメリカで度々この名前を耳にすることになった。

（4）最初のアメリカ出張

川崎先生の紹介や，下調べの成果もあり，アメリカでの訪問先が決まった。アメリカでの最初の目的はペンシルバニア州立大学のハー教授を大学の研究室に尋ねることだった。経費の関係もあり，専属の通訳を雇うことが出来なかった。伝手を頼り，ニューヨーク在住の日本人女性に連絡をとり，我々がアメリカ滞在中通訳として同行していただくことになった。この女性については名前と電話番号くらいでその他の情報は，ほとんど持たずに日本を発った。

私も大原も，英会話は全くできない。まず，無事アメリカでこの女性に会えるかどうかが出発時の心配だった。1994 年 10 月初旬，ワシントン DC は寒かった。通訳の方とは，翌朝ワシントン DC のダレス空港，AA の国内線カウンターで会うことになっていた。

国内線のカウンター前が待ち合わせ場所だったが，時間になっても来ない。大原に電話があり，ニューヨークからの便が遅れているという。出発のほぼ直前に間に合い，ゲートまで 3 人で走った。ゲートと言っても汚れたガラスのドアがあるだけ，そこを出ると滑走路である。小雨が降っていた。空港の片隅に双発の小さなプロペラ機が止まっている。これが我々の乗り込む飛行機だ。

10人程度の乗客が我々と共に乗り込んだ。

ステートカレッジエアポート（現在：ユニバーシティーパーク空港に名称変更）はAAの職員さえ，すぐには空港名が分からなかったというくらい超ローカルな空港である。ダレス空港をプ～ンと飛び立った飛行機は，入道雲の合間を風に漂う紙切れのようにフラフラと舞いながら約1時間で目的の空港に着いた。目的地は晴天であった。牛が草を食む，のどかな牧場を横目で見ながら，車で大学の街へと向かった。

翌朝，ハー先生の研究室にお伺いし，仲介者を通してお会いした。やはり川崎先生に紹介され新潟大学からペンシルバニア州立大学に学びに来ておられた松井豊先生からご紹介いただく形でお会いした。研究室に行くまでの通路の壁に渡辺三枝子先生の著書が掲示されていた。

ハー先生は，とても穏やかな先生であった。我々からの不躾な質問に1つ1つ丁寧にお応え頂いた。最後はアグネスや川崎先生との思い出話になり，1時間の約束が2時間余り色々とお話頂いた。

ワシントンに戻り，ワシントンDC内での予定訪問先を回った。今回出張の本来（？）の目的である，アセスメントツール開発の関係で，ACT（旧：American College Testingの略称，現在正式名称がACTとなっている）ワシントン支社を訪問した。

この訪問がきっかけとなり，その後「適職診断テスト（CPS-J)」の開発につながった。大きな結果につながった訳だが，それ以上の成果として，後にアイオワのACT本社訪問を期に，当時NCDA（National Career Development Association：全米キャリア開発協会）の会長（1996 ~ 1997年）（当時ACTの取り締まり役兼任）ジョアン・ハリス－ボールズビー（以降：ジョアン）とつながることになる。ジョアンと知り合えたことが，その後 JCDA がキャリアカウンセラー資格 CDA を開発することにつながり，現在のキャリアコンサルタント国家資格を生み出すきっかけとなった，と私は理解している。まさにジョアンは CDA の母である。

次にキャリアカウンセラー養成プログラムに関す情報を求める為，渡辺先生から紹介された訪問先，NOICC（National Occupational Information Coordinating Committee 全米職業情報調整委員会）本部を訪問した。組織名称からのイメージとは違い，職員の方もほとんどいない静かな事務所だった。

時間を取って丁寧に説明を頂いた。その殆どはアメリカ政府が組織的に行っている職業情報の収集と発信のしくみであった。

私は最後に「キャリアカウンセラー養成の為のプログラムは無いのか？」と尋ねた。大学のカリキュラムとしてはあるが，一般社会人を対象としたモノは，無い。とのことであったが，「現在，アメリカ労働省がファウンドし，そのようなプログラム開発の計画がある」とのことであった。そのプログラムがやがて CDA の開発に結び付き，キャリアコンサルタント資格に結び付く訳だが，その時の私は，「そのようなプログラムは，やはり無いんだな」という否定的な印象が強かった。NOICC は 2000 年にその機能を NCDA に移し，閉鎖となった。

1990 年代前半，その頃日本では景気悪化の波を受け，当時私が所属していた会社もかなりのダメージを受けた。この経営危機の中，創業者の後をついだ新社長は，社内のムードを変えようと思ったのか，当時の部長職全員に新規事業案／商品開発案を求めた。

私は，A4 用紙 1 枚に図入りで商品開発案とそれに伴う事業案を提示，結果，私の案が 1 つだけ採用された。最初のアメリカ出張の際「適当」に出した「アセスメント開発案」が採用され，それ以降の出張は，視察ではなく，提携交渉から開発打ち合わせへと変わって行った。しかし，私の中には絶えず「キャリアカウンセラー養成プログラム」のアンテナが立っていた。

(5) アセスメント開発における提携交渉

ACT ワシントン支社から「アセスメント開発の案件ならアイオワの本社と交渉しろ」とのアドバイスに従い，ACT 本社に手紙を書いた。(E メール初期の頃で，アメリカとのやり取りは，主に手紙と FAX だった) 数か月が経過し，諦めかけた頃に返信があり，アイオワ本社で話し合おうとのことであった。

ところで，会社はこれまでに海外との提携交渉に何度か失敗を繰り返してきていた。それを傍らで見て来た私は，契約交渉に当たって，コンサルティングファームを使うことを提案，ブーズ・アレン・ハミルトンという世界的に有名な経営戦略のコンサルティングファームと提携し，交渉の準備を進めた。

「ニューヨークのビジネスマンとアイオワの農夫」という例えがアメリカにはあるらしい。アイオワが如何に田舎か，ビジネスの街ではないことを示しているのではないかと思う。

シカゴで国内線に乗り換えアイオワのシダーラビットという空港に降り立った。そこから ACT の本社があるアイオワシティーに向かう。アイオワシティーは且てのアイオワ州の州都で，地方都市の趣があった。アイオワ大学があり，アイオワシティーは学生街である。その中に我々が宿泊した小さなホテルがあり，以降定宿となった。

ACT の本社は清楚な環境の中にあった。背後に森を控えた広大な緑の敷地の中に立つ，レンガ創りの 2 階建ての社屋がいくつも横に並ぶ景観が印象的であった。自然に溶け込んだ美しい景観である。提携交渉は，何日間かあり，その間ホテルからタクシーでACTに通う。2日目の朝，ホテルのロビーに日本人風のビジネスマンの一行を見かけた。一目で日本人と分かった。前述のように街にはアイオワ大学以外ACTしかない。その服装から大学関係者ではないように見えた。

後に日本の大手出版会社の社員であることが分かった。なんと同じ時期にACTと提携交渉に来ていたのである。ドラマになりそうなハプニングを経て，交渉は成功，後日契約となった。後日，アセスメントの日本名は，CPS-J（Career Planning Survey -Japanese version）と決まった。

先にも述べたが，この提携交渉の過程で当時ACTのボードメンバーだったジョアン・ハリス－ボールズビー先生（～2022年，享年86歳）と出会えたことがその後のキャリアカウンセラー資格，CDAプログラム開発に大きく影響することになる。ジョアンとの出会いがなければCDA資格も，またキャリアコンサルタント資格も現在のような形ではなかったものと思う。

これ以降日本国内では，CPS-Jの開発およびマーケティング活動とCDAプログラムの導入，日本政府（厚生労働省）におけるキャリアコンサルティング体制整備事業のそれぞれの活動が，1998年から2000年の短い期間に，平行して展開されることとなる。

（6）CDAプログラム開発

以降，国内では新規アセスメントの開発にあたりACTとの調整で年間何度かアイオワを訪問することになった。またCPS-Jのマーケティングを兼ねてジョアンが1998年に来日した。目的は「キャリアカウンセラー養成講座」と題して4日間のセミナーを開催することが中心であった。新聞に小さく広告を掲載した。定員わずか 40 名ほどであったと記憶するが，瞬く間に定員となり，どうしても参加したいと会社まで直接交渉に来た方もいた。小さなセミナーであったがキャリアカウンセリングに対する関心の高さを感じた（この 40 名の中に後に CDA 資格立ち上げの主力メンバーとなる水野みち氏がいた。彼女は後にペンシルバニア州立大学でカウンセリングを学び学士号を取得，アメリカの各機関との交渉，大原と共に JCDA 草創期に活躍，現在（2023）も，CDA 資格講座を展開する会社に在籍している）。

ジョアンが主催するまとまった研修をそれまで私も受けたことがなかった。セミナーの 4 日間，大原と共に受講した。キャリアカウンセリングの主だった理論，技法，CPS-J のマーケティングを兼ねているのでキャリアに関するアセスメント理論と共に CPS-J の解説などがその内容だった。講義の中で印象に残っているのは，環境との相互作用として話された内容である。環境の受け止め方のパターンの話があり，「環境は，受け止めるだけで，『環境に影響を与えることは出来ない』と考えている者に対してキャリアカウンセリングのベルトはかからない」という言葉だった。受け身的な人間にキャリアカウンセリングは効果がない，ということである。

「なるほど！」とその時は，感心した。しかし，今思えば，受け身的，環境に依存的な人間を切り捨てることにならないか，そのような人にこそキャリアカウンセリングは必要ではないかと思う。アメリカの国民性なのか，キャリア形成というものに対する考え方の違いから来るものなのか，と今は考える。「日本人は，個が確立していない，アメリカのプログラムとは国民性が違うので通用しない」とこの事業開始の際，当時の専門家からそのようなご批判を頂戴した。しかし，そのような国民性ならばなおのこと，自分の人生のオーナーシップを喚起するキャリアカウンセリングが必要であると思う。

もう1つこの時のセミナーで，その後のキャリアカウンセラー養成事業展開の大きなきっかけとなる出来事があった。

セミナー最終の4日目，もうすぐセミナーが終了するという時間で，ここ数年のキャリアカウンセリングに関するアメリカでの動きについての話があった。当時は，クリントン政権の時代（1993 ~ 2001）だった。1993年から始まったワンストップセンター構想の中で，雇用に関する行政サービスのワンストップセンター化が打ち出され，その中で，これらワンストップセンターの職員に対してCDF（Career Development Facilitator）という専門性（職能）と，その役割に対応する教育プログラムがアメリカの厚生労働省の資金のもと，その下部機関により開発が行われたとの話があった。その話を聞いた瞬間，「探していたものは，これだ！」と感じた。私は，「エントリーレベルのキャリアカウンセラー養成プログラム」であると理解した。

「下部機関とは，どこか？」「誰が対象か？」「どのような内容か？」セミナー中，矢継ぎ早に質問をした。あまり次々との質問にジョアンもやや呆れ「そんなに関心があるのなら，アメリカから資料を送ってあげよう」と言ってその場を収めてくれた。その後気づいたことであるが，このCDFプログラムは，4年前，「キャリアカウンセリングとは，何か」を求めて（形式的には，「アセスメントツールの探索」であったが）アメリカに視察旅行を行った際，訪問先の1つNOICC（通称：ノーイック）で聞いた話，つまり「現在，アメリカ労働省がファウンドし，そのようなプログラム開発の計画がある」と言っていたその計画が実行に移され，形になった，ということであるのに気づいた。NOICC訪問は，クリントン政権発足1年後であった。

この話をきっかけにキャリアカウンセラー養成プログラムの開発を決意する。それと同時にいくつもの大きな意思決定に迫られた。外部からの圧力ではなく，事業構想を考える条件整備の上で「この時に決断しなければならない」と思ったことである。

（7）JCDA：日本キャリア開発協会設立

1）CDA 資格発足準備

初めは，資格対応のプログラムにするか，教育講座にするか，どちらの方向で事業を進めるかの意思決定であった。資格に対応しない教育講座を，私は「お勉強講座」と称した。これらの意思決定は，大原氏と２人で行った。大原氏は，「お勉強講座」を勧めた。私は資格講座，つまりキャリアカウンセラー資格創設にこだわった。理由はいくつかあったが，最大の理由は，日本にキャリアカウンセリングを広めたい，キャリアカウンセリングが普通に行われる社会にしたいという思いであった。「お勉強講座」では，“学習者の腹が据わらない”つまり能力習得に差が生まれる。学習プログラムと資格試験，資格対応講座はそのような“思い”が背景にあった。

資格講座は，一旦始めれば止められない。それも新規の資格発行である。やり続ける見通しとそれなりの覚悟がないとはじめる決断は出来ない。この資格は，今まで日本に存在しなかった資格である。市場が出来ている訳ではない。やり続けられる見通しなどある訳がない。当時所属する会社に大原以外仲間はいない。資本力もほとんどない。「お勉強講座」という意見は当時の事業環境からは，全く妥当な意見であった。しかし，大原氏は，私のこの全く無謀な決断に最終的に賛同し，以降必死に協力してくれた。お陰で今日のJCDA，CDA 資格があることを思い，今更ではあるが，改めて氏に感謝する。
資格講座を考えると同時に，平行して意思決定しなければいけない大きな項目があった。事業を推進する組織体である。当時，私や大原が所属していた会社はビジネスマン対象の資格講座をいくつか持っていた。したがって資格講座の運営ノウハウや経験はある。しかし，資格試験を実施し，合格者を登録するノウハウも経験もなかった。資格試験を実施しても，必ずしもその会員組織を構成しなくてもよい。会員組織を創るか否かも組織体を考える上で大きな意思決定の選択肢であった。
養成機関としての役割を当時私が所属していた会社で担い，資格認定と有資格者の登録機関を，新規に立ち上げる法人で行う計画を練った。この時の構想が現在のCDA資格推進体制を創っている。
私は，自宅で，これら意思決定項目をメモ用紙に横一列にならべて書き，それら1つずつに対し，その項目を採用した際の「メリット」と「デメリット」を記入しながら考えた。そして最終的に全ての項目を同時に実施することを決めた。それぞれの項目は連携していて相乗効果を出す為には全てを同時に立ち上げるのが最適と思えたからである。このような意思決定が出来たのは，この事業は，会社からほとんど期待されず，つまり任されていて，それゆえ意思決定に当たっては，ほとんど大原氏と2人で決めることが出来たからである。当時の社長の言葉を覚えている。「お前は，アセスメントの販売から逃げようとしているのか」と叱責された。アセスメントツールの販売で起死回生を願った社長の意向を無視した提案のように受け取られたのではないかと思う。しかし，これは私の人生をかけたビジョンであり，なんとしても実現させたかった。
このような意思決定を会社も認め，その後成功したのは，会社の創業者とビジョンを共有していたことを忘れる訳には行かない。創業者は，終始この事業の暗黙の後ろ盾となってくれていた。

後に東京大学で企業行動や経営心理を研究している教授から，我々が展開して来た事業を称し「ブルー・オーシャン戦略ですね」と称賛してくれたことがあった。当時そのような言葉さえ知らなかったが，ブルー・オーシャン戦略とは「従来存在しなかったまったく新しい市場を生み出すことで，新領域に事業を展開していく戦略。新市場を創造することにより，他社と競合することなく事業を展開することが可能になる」という戦略らしい。

私が思うにこのような言葉は，研究者が概念のやりくりの中で生み出したものであろうと思う。そのような事業の成功は，発案した者が，実現したい夢に対し，狂ったように行動した結果ではないか。私の場合は幸いに，狂ったような行動に賛同してくれる協力者に恵まれ，幸運に恵まれたお陰であると今は振り返ることが出来る。

ジョアンから得た情報をもとにCDFプログラムの日本への導入顛末をお話しなければいけない。やや複雑な話である。

例のセミナーを終了し，ジョアンは，アメリカに帰国後，約束通りCDFの資料を送ってくれた。この時点でCDFプログラムはNOICCが全ての権利を持っていた。我々はNOICCと契約を結び日本での使用の許可を得た。しかし，CDFという資格の認定機関は，NOICCとは別に存在した。CDF資格も他のキャリア関係の資格認定と同様に，NBCC（National Bord for Certified Counselor）という国家資格に基づく開業権を与える組織の下部機関である，CCE（Center for Credentialing & Educational）という組織がアメリカ国内では資格承認発行権を持っていた。後に会った，NBCC／CCEの責任者（両組織の責

キャリアカウンセリングに関係するアメリカの資格名，機関名

NCC	(National Certified Counselor) 全米認定カウンセラー資格（筆者訳）
NCCC	(National Certified Career Counselor) 全米認定キャリア・カウンセラー資格（筆者訳）
CDF	(Career Development Facilitator) キャリア開発推進者（筆者訳）
CPS-J	(Career Planning Survey -Japanese version)
NCDA	(National Career Development Association) 全米キャリア開発協会
NBCC	(National Bord for Certified Counselor) 全米カウンセラー認証機関（筆者訳）
CCE	(Center for Credentialing & Educational) 「NBCC の下部機関」
NOICC	(National Occupational Information Coordinating Committee) 全米職業情報調整委員会
ACT	(会社名である→旧：American College Testing の略称，現在正式名称が ACT となっている)

任者を兼ねていた）は，公的組織の責任者というより，老獪なビジネスマンの印象であった。

アメリカでは，国家資格の認定及びその資格を使っての開業権を認定，付与する権限を持つ組織と，その資格の有資格者同士の情報交換や研鑽を図る集団（協会）は法律によって分離することが制度化されている。キャリアカウンセラーの有資格者集団は，NCDA である。

しかし，NCDA と NBCC はこの分野の資格に関する方針や大きな意思決定に際し，常に協議しあう関係とのことであった。

我々が考えているのは，日本での資格発行なので特に CCE の許可は必要ない訳だが，その当時は CDF の名前に価値を感じ CCE と契約を結ぼうと動いた。なんとそこに日本において競合が存在していることを CCE から知らされる。

それは，人材サービス分野で総合的に事業展開している超大手企業であった。確かに同社の既存事業から考えてこのテーマの事業展開は妥当な方向と考えられる。CCE からは，日本市場での展開について，ジョイントベンチャー方式を提案された。その後，両者で話し合いが持たれ，日本に置ける CDF の認定を，CCE の管理の下に双方で運営する東京オフィスで行う方向が構想として挙がった。ここで我々には，大きな意思決定が迫られた。

その時，我々が今後共同歩調をとるアメリカ側の組織の選択肢は2つあった。1つは NCDA（NOICC は，2000 年に NCDA に業務を引き継ぎ閉鎖が決まっていた）。もう1つは CCE／NBCC である。この関係で少し話は込み入って来るが，翌年6月の NCDA 国際大会に参加した我々に意外なニュースが入って来た。そのことをお伝えする前にアメリカのカウンセリング事情をお話する。

アメリカでカウンセリング関係の資格で最も有資格者数が多いのは NCC（National Certified Counselor）で約6万人。実は当時アメリカには，キャリアカウンセラーの為の上級資格 NCCC（National Certified Career Counselor）という資格があった（NCC の上級資格）。もちろんこの資格も NBCC が認定を行っていたが，前年末（1999 年）に NBCC は，NCDA に何の連絡もなく認定を中止した。つまり NCCC 資格が消滅した。このことに NCDA サイドは怒り，この年の NCDA 国際大会はその話題で持ち切りであった。パーティー会場などは騒然とした雰囲気だった。

認定中止，資格消滅の NBCC サイドの理由は，NCCC のほとんどの業務は NCC が行っており，NCCC の資格取得希望者はほとんどいないから，とのことであった。

NCDA 国際大会には我々の会社の創業者も同行していたので，

大会開催中に話し合い，今後JCDAの事業推進に当たり，NBCC／CCEではなくNCDAと提携することに決定した。競合の某社はNBCC／CCEと提携した。

2）JCDA設立

アメリカの関係機関との条件整備が出来たこともあり，2000年10月東京新宿のホテルでJCDAの設立総会を開催した。

当初定員400名を予定し，その前提で会場を準備した。大会企画当初，400名もの参加者を集められるかどうか大変心配し，その不安が夢にまで出て来たほどである。ところが1度，新聞広告を出したその日から申し込みが相次ぎ，数日の内に1,000名近くになり，そこで申し込み受け付けを打ち切った。先着何名という制限を出さなかった為，会場のキャパをいかに増やすかで大変苦労した。何か大きなモノが動き出した予感をその時感じた。

基調講演を当時NCDA会長であったナンシー・K・シュロスバーグ博士にお願いした。

博士は，ご主人と一緒に来日された。

設立記念総会のパンフレットの表題は，私が考えた。「キャリアカウンセリングが日本を変える」副題として「５人の専門家が語る現状と未来」とした。「５人の専門家……」とは，当日パネルディスカッションを行い，そのパネラー４名とコーディネーター１名の５名である。産業界から東京海上火災保険（株）の石田敬二様，日本労働研究機構の佐野哲様，学校分野から山梨学院大学の土橋忠久様，人材ビジネスから（社）日本人材紹介業協会の横倉馨様（それぞれの所属は当時の組織）。それぞれの分野から活躍されていた方々をお招きし，産能短期大学にいらっしゃった小野紘昭先生にコメンテーターをお願いした。当日は，政界，官界（労働省，現：厚生労働省）からもゲストをお招きし，ご挨拶を頂いた。

当日のタイトル「キャリアカウンセリングが日本を変える」は，現在もこれからも私の信念であり，ビジョンである。

私は記念大会の当日，会場に向かわれる参加者の方々を，会場ホール近くの通路の脇から観ていた。1,000 人近い方々の人の波である。この方々は，何かを期待していらっしゃる。

それは，職業能力向上や就職ないしは離転職を考える為のカウンセリングを求めているのではない，と確信した。

所有や所得による幸せは，昔みた夢として記憶の中にしか存在しない。もっと人間らしい働き方，暮らし方，そのようなモノを目指す活動の 1 つのカタチを，キャリアカウンセリングの中に感じているのではないかと思った。大会に参加する人の波が，新しい時代の波のように感じたのである。

（8）資格化の道のり（キャリア形成施策）

NCDA との契約で CDF プログラム使用の権利（日本版プログラムへの改訂の承認）と JCDA への協力体制が出来，JCDA の設立イベントの実施も済ませ，日本国内でのキャリアカウンセラー資格対応の養成講座，資格試験事業がスタートした。1999 年の事である。

私が所属していた会社は，社会人対象の資格試験対応の学校事業も行っており，何か所かに教室を持っていた。その 1 つ，当時上野（JR 山手線／鶯谷駅近く）にあった 3 階建てのビルの 1 階に JCDA の事務所を開いた。男性職員 1 名，アルバイトの女性 1 名という陣容であった。設立総会の時は，すでに上野事務所は稼働していた。

JCDA の発展と共に，当初は 1 つの事務所の間借り状態であったが，やがて職員も増え，占有面積も拡大し，このビルのほとんどをJCDAが使うようになった。現在（2023）の本部は，この上野のビルが売却されるのをきっかけに人形町に移転，関西にも事務所（2003年8月）を持つようになった。この古ぼけた3階建ての上野事務所時代では，JCDA草創期の様々なドラマが生まれた。

まず，CDFをベースとして日本版キャリアカウンセリング資格の名称をCDA（Career Development Advisor）とした。(2009年に経験代謝理論を発表し，以降何度かの大改訂をへて，現在のプログラムには当初のCDFプログラムは跡形もなく改訂されている)。

CDA養成講座のしくみは，知識部分を通信教育講座とし，通信教育受講後，資格取得に進みたい方にスクーリング形式の講座，通学講座を開講した。しかしほとんどの方は，通信教育修了後はスクーリングを受講された。現在は，ほぼ一体的に1つの講座となっている。

当時会社での私のポジションは，企画部門の責任者であった。通信教育講座の開発部署や資格取得の為のスクーリング運営部署は，それなりの陣容でそれぞれ独立した部署があった。しかし，このCDA講座（通信・通学）に関してはほぼ全て私の部門で行った。JCDAで役職名がついた，つまり当時，立場がJCDA職員として明確な兼任者は，私と大原の2人であったが，講座開発，運営はあと同じ部署の数名が一丸となって行った。

当時の経営層のスタンスとしては，創業者の後ろ盾のお陰で，渋々ではあるが新規の事業を“やらせてやっている”というのがこの新規事業に対する見方であった。

通信教育講座の開発に当たりテキストを作成しなければならない。私はオールカラーで印刷したかった。他の通信講座はほとんどそうであった。稟議書を書き，申請した。ところが，経費のかけすぎであると突き返された。当時の社長に掛け合いに行った時，社長から言われた言葉をいまでも忘れない。「こんな売れないものに金がかけられるか」と一喝された。何とか粘り表紙を４色，中身２色にして頂いた。

このような逆風の中，これは，現実的ではない話であるが，キャリアカウンセラー養成事業をやるに当たり，もし会社が資金を出さなければ個人で銀行からお金を借りて自費を出資し，自前でやる覚悟であった。多分貸してはくれなかったとは思うが。幸い実行に移すことはなかった。

草創期のエピソードとして笑える話がある。振り返って笑えるが，当時は必死の事業展開の中でのことである。

ちょっと前提を話しておこう。CDA の資格取得推進体制は，養成機関と試験／資格登録機関を分けるということだった。組織的に分離した体制が CDA 資格推進体制でこの姿勢を当初から貫いた。「貫いた」の表現は，潔いが，JCDA 専任は男子１名，アルバイトの女子事務員１名の２名のみ。あとは兼任の私と大原だった。私と大原は，その教育会社に居ることが多かった。JCDA 本部とは少し物理的に距離があった。

CDA 講座の運営は，この教育会社。この講座を修了し，CDA 資格試験を受験しようという人は試験の申込を JCDA にしなければいけない。しかし，試験の準備，資格登録やその他関連制度の構築は当時，市ヶ谷に本社があるこの教育会社の中で行った。試験関係の案内窓口の電話番号を別に取り，その番号の電話機を別にし，教育会社の我々の部門の机に設置した，これを「JCDA 電話」とする。したがってその「JCDA 電話」にかかってくれば，それは CDA 資格試験関係の問い合わせである。

例えばAさんからCDA講座関係の問い合わせ電話がかかってくる。その多くは私か大原が受ける。Aさんは，講座修了後「試験を受けよう」と思っているので同じ電話で試験のことを聞こうとする，すると電話口の者は「JCDAにお問い合わせ下さい」と言ってJCDA電話の番号を言う，するとAさんは，一旦講座の問い合わせを行った電話を切り，JCDAに電話をする。我々の事務所では，講座問い合わせの電話の隣にJCDA電話があり，すぐAさんから電話がかかって来ることになる。JCDA電話は，主に大原が対応していた。そのJCDA電話では大原という名前ではなく「○○です」と名前変えた，「JCDAネーム」とでも言おうか。先ほどのAさんのような場合，講座対応の電話のあとすぐに同じAさんからJCDA電話にかかってくる。双方を大原が対応する場合が度々あった。先ほど聞いた同じ声ならすぐ解ってしまう。大原は，器用に声を変え，名前を変えて対応していた。部署の者は，笑いをこらえてその様子をみていたものである。

その後，受講生は増え，組織も拡大し，「JCDAネーム」の出番も長くは，続かなかった。今となっては懐かしい。

図2をご覧いただきたい。厚生労働省のホームページに掲載されている表であるが，これまでのキャリア・コンサルタント普及促進事業の流れが解り易くまとめられている。

私はこの間開催されたキャリア・コンサルタントに関する研究会，委員会に，委員として参加して来た。そして2004年3月にキャリア・コンサルタント養成講座・試験団体連絡協議会（以下，「連絡協議会」という）が厚労省の肝いりで結成され，初代会長を務めた。この連絡協議会は，2006年4月キャリア・コンサルタント協議会（以下，「協議会」という）に名称を変更，本格的に団体活動を展開した。私は，2013年から2015年に会長を務めた。この2度目の会長時代，キャリアコンサルタントの国家

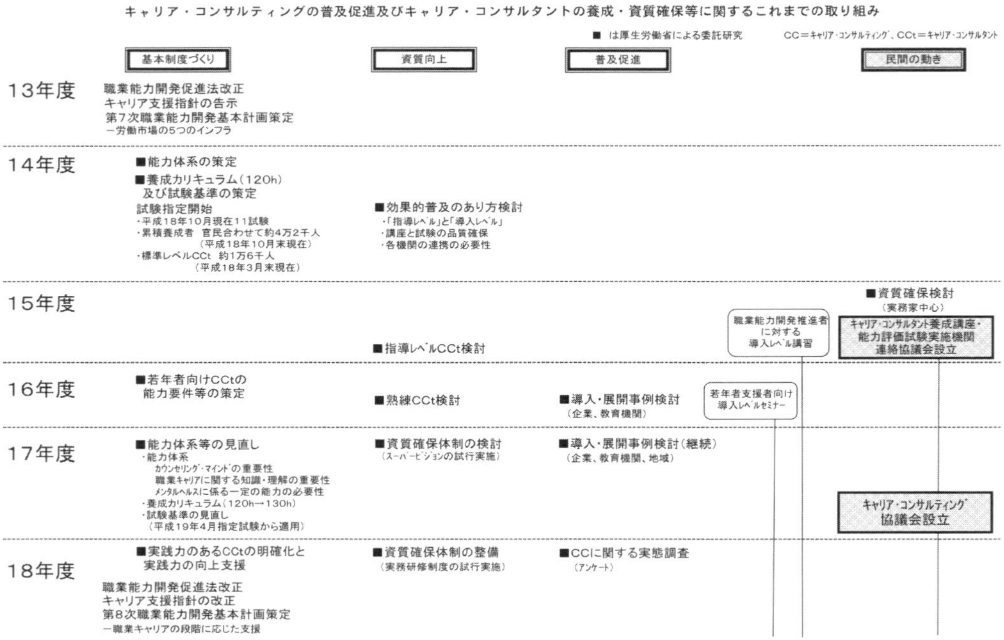

図2：キャリア・コンサルティングの普及促進及びキャリア・コンサルタントの養成・資質確保等に関するこれまでの取り組み

資格化（2016 年 4 月）前の準備の期間に当たり，協議会会長としての私は，各団体の意見の調整役としての役割があり，一方協議会の構成機関の 1 つ，JCDA の理事長としての役割があり，2 つの役割の間に利益相反があり，その矛盾に対する葛藤で大変苦労した。

2017 年 6 月に JCDA 理事長職を大原氏に委ね，JCDA の会長に就任した。この間の印象に残っている経験をお話し，キャリアコンサルタント資格がたどって来た経緯を振り返りたい。

2 統一試験，統一資格

JCDA が CDA 資格の認定を開始し，キャリアコンサルタント資格が国家資格になるまでの約 17 年間，様々なドラマがあった訳であるが，その内，印象に残っている事柄についてお話して行こうと思う。あくまで個人的印象の話である。この間，一貫してテーマとしてあったのは「統一試験・統一資格」問題であった。

大きな波の 1 つは，キャリアコンサルタント技能士の波，もう 1 つはキャリアコンサルタント国家資格化の波である。

厚生労働省の肝いりで発足した連絡協議会の結成の最大（？）の目的の 1 つが「統一試験，統一資格」だったのではないかと推測する。2001 年，時の坂口厚生労働省大臣により，国会で公明党議員の質問に答える形で「キャリアカウンセラー 5 万人体制」が打ち出された。翌 2002 年から 5 年間で 5 万人のキャリアカウンセラーを生み出す，という内容だった。このニュースは翌日，新聞のトップを飾った。その年から登録試験機関制度が始まり，いくつかの団体が名乗りを上げた。

私は，CDA 資格をこれまで述べて来たような経緯で開発，体制を整えて来たが，統一試験，統一資格には終始異を唱えて来た。統一試験，統一資格は，協議会の中で何度も議論された。常に協議会では多勢に無勢，会議の中では押され気味であった。ある時，技能試験はどの機関も「傾聴スキル」を評価対象にしている，統一出来るのではないか，という意見が出，その方向で大勢が固まりかけた。この一瞬に私が賛成すれば現在の状況は大きく違うモノになっていただろう。

私は「傾聴スキル」も言葉だけでは分からない，実際にケースに当たり確認する必要がある，と提案。そのような場を設けることになった。実際の事例を出し合い，評価対象となる介入に対して，ＡからＥまでの段階評価を行った。Ａがいわゆるグッドスコア，Ｅは，もちろんその逆で最低ランクである。結果，１つの介入に対し，評価がＡからＥまでばらけた。このばらけた結果はいくつもの介入で観られた。

例えば「……そうですね。」など語尾の一言で，この表現は，共感を示している，と主張する方がいらっしゃった。かたや「語尾の表現だけを見て評価は出来ない，会話の流れから評価すべきではないか」という意見もあった。このように，「傾聴スキル」という，物差しの名前は一緒でも，統一の取れない基準で評価していたことが分かった。もちろんこのようなことは国家試験となった現在では，評価の基準が統一され以前のようなことはまったく無くなっていることは申し上げておきたい。

技能試験の統一の話に決着がつかず，無くなろうとしている時に，技能士資格の体系の中にキャリアコンサルタントを位置付けようという案が厚生労働省より提示された。そして現標準レベルキャリア・コンサルタント資格を技能士３級にしようという案である。

これに対しても私は反対した。

3 JCDA，CDAの危機

様々な議論と紆余曲折を経て，キャリアコンサルタント技能士2級の認定が2008年に始まり，その3年後に1級が出来た。一時，標準レベルキャリア・コンサルタントが無くなりそうになったがそれは，免れた。

当時，CDA会員の集まりで「CDA資格も，JCDAという組織も無くなるかも知れない。知人でCDAにチャレンジしようという人がいたので，『もう少し待て』と言っておいた」と言う発言を聞いた。また，「『技能士』は，書店の棚に並ぶが『標準レベルキャリア・コンサルタント』は並ばない」との声も聞こえて来た。

「そうか，世間はそのように動いて行くのか」と，暗澹たる気持ちになった。しかし，それは杞憂であった。その年，2008年のCDAチャレンジャーは過去最高の人数になった。JCDAが築いて来た信頼は，崩れなかったのである。

しかし，キャリアカウンセリングの世界に標準レベルの上位にキャリアコンサルタント技能士を位置付けたことにより，成り立ちの違う資格体系が出来，この分野で専門性を高めて行こうとする者に一部混乱が生じたのではないかと思う。

しかし，一方，技能士の出現は，CDA／キャリアカウンセリングの専門性を明確にするいい機会となった。キャリアコンサルタント技能士が出来たことによりCDA資格との専門性の違いを問われることになった。またそのような声とは別に「キャリアカウンセリングとは，何か？」は，事業発足以来絶えず私の頭にあった。これを機会にJCDA内で研究会を立ち上げた。外部の専門家も招き，約2年間盛んに議論を交わした。しかし，この研究会から「これがキャリアカウンセリングの専門性だ」というモノはまとまらなかった。

後にJCDAが考えるキャリアカウンセリングの専門性である経験代謝は，これとは離れた経験から生まれたのではあるが，この研究会の議論で「キャリアカウンセリングは，何か？」を考えようというエネルギーが私の中で高まっていたということは言える。

2009年から2011年にかけ，JCDAの機関紙に3回に分け経験代謝理論についてその考えを掲載した。以来，深化の努力は現在も継続されている。

4 国家資格化

もう1つの大きな波は2016年の国家資格化である。

政府としてか，厚生労働省内か，どこからいつそのような話が起こって来たのかは不明であるが「キャリアコンサルタントを国家資格に，という話がある」と厚生労働省の方からお聞きしたのは2014年だったように思う。

それ以前に協議会で行われていた月次の定例会議で「キャリアコンサルタントに対して我々が思う以上に期待が高まっている」という報告を，会合に参加されていた厚労省の方から耳にしてはいた。厚労省の枠を超えてキャリア形成が話題になっている，という感覚はあった。

この間政府で行われていた，産業競争力会議「雇用・人材分科会」中間整理（2013年）の資料の中で「自らの職業能力の棚卸しに基づき，キャリアアップ・キャリアチェンジを考える機会を多くの国民に提供するための方策として，まず，キャリア・コンサルタントの養成計画を平成 26 年年央までに策定し，確実に養成を図る。」との方針が示された。また翌 2014 年，「『日本再興戦略』改訂 2014 －未来への挑戦－（平成 26 年 6 月 24 日閣議決定)」の中で，「キャリア・コンサルタントは，自らの職業経験や能力を見つめ直し，キャリアアップ・キャリアチェンジを考える機会を求める労働者にとって，身近な存在であることが必要である。このため，本年夏までにキャリア・コンサルタントの養成計画を策定し，その着実な養成を図る（後略)」との方針がでた。したがって 2013 年頃からキャリア・コンサルタントを国家資格にという案が議論され始めたのではないかと思う。また，このことにより，キャリアコンサルタントに関する施策は，「雇用・人材」に関するテーマから経済政策のテーマに広がったと言える。

その頃（多分 2014 年頃かと思われる)，厚労省の担当の方から何かの打ち合わせの際「立野さん，キャリア・コンサルタントを国家資格にするということについて○か×か△か，どちらですか？」と尋ねられたことが印象に残っている。私はそれまでにある程度考えていたこともあり「○です」と，お応えした。もちろん私が×と言おうが△と言おうが大きな方向になんら影響はなかったと思う。しかし，これまで「統一試験，統一資格」に明確に賛成して来なかった私を気遣っていただいた質問だったのではないかと思う。

私は，協議会会長としてこの国家資格化の会合に参加した。2015 年 9 月に衆議院本会議で法案が可決され，翌 2016 年 4 月に施行に移された。法案成立から施行まで，異例の速さだった。

JCDA は，協議会と共にキャリアコンサルタント資格試験実施団体として認定され，以前所属していた教育機関は養成機関として承認された。「統一試験，統一資格」の議論は，この国家資格化によって達成された。決着したのである。JCDA は，その意思を貫き，CDA は，今後も日本のキャリア形成に貢献する。事業は継続発展中であるが，関係各位に対し，これまで我々の意思を尊重いただき，多大なご支援を頂いたことに改めて感謝申し上げる。官民相まって創りあげて来たキャリアコンサルティング体制を，今後もみなさんと一緒に推進して行きたいと思う。

5 キャリアコンサルティングの今後

私は，キャリアカウンセリングが普通に行われる世の中を実現しようとしている。

事業発足からの夢で，今後も続いて行く。

ここで改めて JCDA のスローガンを紹介する。「キャリアカウンセリング機能を社会システムとして具体化する」である。

このスローガンは，発足当初，会員が集まる場所などでよく話した。そんな時，「どういう意味か？」とよく質問された。

その意味のご紹介を兼ね，このスローガンの発想を得た JCDA 発足前の話をしよう。キャリアカウンセリングとは何か，を知る為に米国への視察旅行をしたことは前半で伝えた。その際に得た印象が元になっている。私がその前に描いていた「キャリアカウンセリング」とは，相談者とキャリアカウンセラーの間でのやり取りされる特別な行為であり，キャリアカウンセラーはキャリアカウンセリングの専門性を身につけた専門家のイメージであった。しかし，NOICC はじめ関係機関訪問の際に耳にしたキャリアカウンセリングには，もっと幅広い意味を感じた。

社会のしくみを現す言葉のように感じたのである。制度や体系の1つというイメージである。そして，スローガンを「キャリアカウンセリング」ではなく,「キャリアカウンセリング機能」としたのは,「役割」の意味合いを意識してのことだった。社会における「役割」,社会的な機能。キャリアカウンセリングとは,「相談者とキャリアカウンセラーの間でやり取りされる特別な行為」だけではなく,そのような行為の果たす役割/社会的機能であることを意識した。

発足当時は,その役割をまだ明確に言葉に出来なかったが,JCDAのキャリアカウンセリングに関する考え方をまとめた経験代謝の発表後,今は言葉に出来る。

キャリアカウンセリングの目的は,「自己概念の成長」と考える。「自己概念」とは,「よし,とするモノの見方,考え方」を意味する。その「モノの見方,考え方」とは,自分自身に対してもそうであり,その自分を通して理解する「自分にとっての世界」もそうである。そして成長の為の大きな前提は,「自分の人生は,自分がコントロールする」という意識,「人生のオーナーシップは,自分が持っている」という意識である。そして自己概念成長の方向は,「『帰属意識』と『個性の発揮』の統合」と考える。「帰属意識」とは,集団の期待に応え,仲間として認めてもらおうという意識。「個性の発揮」とは“自分らしさ”を発揮し,そのことに喜びと“やりがい”を感じながら,集団の発展に貢献することである。それらの統合とは,つまり「自分らしさを発揮して,そのことに喜びとやりがい」を感じることが,集団の発展につながっている状態を想像していることである。このような意味全体を「自己概念の成長」と考える。そしてこれが「役割」「社会的機能」としての「キャリアカウンセリング」である。

JCDAは,キャリアカウンセリングをこのように考える。この意味でのキャリアカウンセリングは日本の社会を成熟の方向に導く大きな力を宿している。成熟した社会とは矛盾のない社会と考える。全く矛盾のない社会はあり得ないだろう。したがって，出来るだけ矛盾のない方向に向かって発展を推し進めることであり，「矛盾のない社会」とは成熟がたどり着くゴールではなく，ゴールのない，発展し続ける状態だと考えている。社会は，個人の人生の背景要因として働き，個人の人生は社会を形作る。キャリアカウンセリングは，個人を対象とした活動である。したがって，キャリアカウンセリングは個人を通して社会成熟を促す活動であると心得る。

6　キャリアドックの展開

さて，前置きが長くなったが，JCDAは，キャリアカウンセリングの展開普及を推進する典型事業を「キャリアドック」の名称の下に行おうとしている。「キャリアドック」とは，継続的なキャリアカウンセリングである。私は「キャリア」の定期健康診断と考えている。「キャリアドック」の名称は，「人間ドック」からヒントを得た。

厚生労働省が「セルフ・キャリアドック」という施策を展開している。「キャリアドック」は「セルフ・キャリアドック」とは，違う。(「キャリアドック」の商標は，厚生労働省の許可の下に使用している）違いを図3にまとめたのでご覧いただきたい。

ご覧の通りであるが，大きな違いは実施主体と対象である。「キャリアドック」の実施主体はJCDA（その会員であるCDA)，対象は，個人である。それに対して「セルフ・キャリアドック」のそれは，企業などの法人，対象は，当該組織内の従業員（構成員）である。双方とも有料事業であるが，「キャリアドック」は個人が自分の為に支払う。

キャリアドックとセルフ・キャリアドックの違い

	キャリアドック	セルフ・キャリアドック
実施	JCDA	組織（企業の人事などが主導）
対象	個人	組織内の従業員
目的	個人の成長	主に組織内でのキャリア形成
相談内容の扱い	その方の成長のために 蓄積して活用	組織としての課題を見出すために 傾向をまとめ、主導部門へ報告
イメージ	キャリアのかかりつけ医	組織内でのキャリアの健康管理室

図３：キャリア・ドックとセルフ・ドックの違い

「キャリアドック」という商標は，私が以前企業に勤務していた時代に商標登録を行ったが，厚生労働省のたっての希望により，2015 年に同省に無償譲渡したものである。

そのようなことはともかく，個人としてのキャリア形成を対象とした「キャリアドック」と，法人対象，組織内キャリア形成を対象とした「セルフ・キャリアドック」は，キャリア形成を広く全国的に展開して行く上での車の両輪と心得る。

最後に，「共に生きる」という言葉で私の章を締めたいと思う。

この言葉は，JCDAのある節目の大会に，大会のテーマとした言葉である。この文章の最後に「アジアの国々と「共に生きる」日本，世界の国々と「共に生きる」日本……」という表現をした。

いまは「地球と“共に生きる”人類」という言葉をいれたい。「もうダメではないか」と思う今日この頃ではあるが，「いや，まだ出来ることはある」と思っている。

「共に生きる」

社会のしくみは「共に生きる」が基本です。これはスローガンではなく，人間性に根ざした自然な在り様です。

「共に生きる」は，競争を排除するものではありません。競争は困難を乗り越え，能力を獲得する原動力。しかし他者を打ち負かす為の競争は，やがて社会にひずみを生み，勝者もその負担を負わなければなりません。

人間誰しも求めることは「受け入れられる」こと。されたくないのは「排除される」ことです。「受け入れる」ことが「受け入れられる」ことでもあり，「排除すること」ことが「排除される」ことにつながります。

「共に生きる」前提は，他者を受け入れ，他者に受け入れられることです。

１人の人間の心の中にも嫌いな自分，認めたくない自分など「受け入れがたい」自分が潜んでいます。しかし，そんな

「自分」も「受け入れられる」ことを望んでいます。「受け入れがたい」他者は，「受け入れがたい自分」の他者に映った自分の影かもしれません。「受け入れがたい」自分を「受け入れる」ことは，「受け入れがたい」他者を「受け入れる」ことに繋がります。社会のしくみと同様に，１人の人間としても「共に生きる」が基本です。

人も，お金も，情報も国境を越えて様々な国の様々な人に伝わります。経済をはじめとした様々な社会活動は，その国一国で完結されるものではありません。アジアの国々と「共に生きる」日本，世界の国々と「共に生きる」日本であり，お互いに支えあい，受け入れあい，共に生きる時代です。

若者が人口の大半を占めた時代，地位の上昇，収入の増大，ものに囲まれた豊かな暮らしが幸せを保証すると思えた時代でもありました。

現在日本では 65 歳以上人口が全体の 23％（2012 年），ほぼ４人に１人が 65 歳以上である超高齢化社会がすぐそこにやってきています。

国の安全が保たれ，医療が進歩し，食料の心配が少なくなれば，日本に限らず，その国はやがて高齢化の道をたどることになります。いきおい社会福祉の費用が増大し，かつての生産性を維持できなくなるかもしれません。

かつて世界中どこの国も経験しなかったこの超高齢化社会の中で幸福に暮らせるためのしくみやライフスタイルを受け入れ，「共に生きる」社会を実現したいと考えます。

キャリアカウンセリングとは何か。それは「共に生きる」社会を実現することではないかと考えています。

第3章
NPO法人日本キャリア・カウンセリング研究会の歴史と発展

小澤康司

1 はじめに

日本キャリア・カウンセリング研究会（略称：JCC）は，1996 年 8 月にお茶の水スクエア（東京千代田区）にて 58 名の有志で発足した。その後，2000 年に特定非営利活動法人（NPO）として東京都より認定をうけ，その後，内的キャリアを重視したキャリア開発とキャリア・カウンセリングの発展と普及事業を行っている。

「キャリア・カウンセリングの歴史」の 1 つの章を JCC 編として筆者が執筆することになり，JCC の歴史を紐解いてゆくと，日本における「キャリア・カウンセリング」の黎明期の様子が浮かんできた。筆者の推論になるが，日本における「キャリア・カウンセリング」の源流はいくつかの流れがあり，その中の 3 つの源流の出会いから，日本における「キャリア・カウンセリング」の 1 つのイメージが形成され，JCC の歴史と発展につながっていったと考えている。

今回，筆者が注目した，キャリア・カウンセリングの 3 つの源流について，詳しくみてゆく。

源流その 1：日本における最初のキャリア・カウンセラー：平木典子先生
源流その 2：日本における人間学派の発信地：日本・精神技術研究所
源流その 3：日本発の CDP としてキャリア開発・キャリアカウンセリングを提唱した横山哲夫氏

この 3 つの源流が出会う 1980 年代が日本における「キャリ

ア・カウンセリング」の黎明期と思われる。また，「キャリア・カウンセリング」の概念は米国で生まれ，日本に翻訳導入され，多様な使われ方が存在する。今回は3つの源流をたどりながら，「キャリア・カウンセリング」の概念の変遷も追ってゆく。

2 キャリア・カウンセリングの源流その1：日本における最初のキャリアカウンセラー：平木典子先生

平木典子先生は，1964年フルブライト留学生として，米国ミネソタ大学大学院修士課程にてウイリアムソン博士のもとで「キャリア・カウンセリング」を学び，修士課程を修了し，日本で「キャリア・カウンセリング」の専門家として学生相談活動をした最初の人物である。

今回，平木先生に2回にわたりインタビューさせていただいた。伺った貴重なお話と「新・カウンセリングの話」(平木 2020)，日本アサーション協会（代表：平木典子）刊行の「シンリンラボ」第8号（2023年11月号）の記事等から平木先生の「キャリア・カウンセリング」の足跡をたどってゆく。

（1）ミネソタ大学大学院留学への経緯

平木先生は，1959年，津田塾大学学芸学部英文学科を卒業するも，高校3年頃から大学4年間にかけて，自分が描いていたキャリアは，可能な限り仕事を続け，その道でも成長し続けたいということであった。平木先生いわく，「明治生まれの父親が，長子である私に，良きにつけ悪しきにつけ『お前が男の子だったら……』と言っていたことが影響している。『当時，女性のロールモデルは学校の先生と母親しかなく，どうしていきてゆこうか』

と自身のキャリア選択に悩んでいた」とのこと。

平木先生は，大学卒業後，文部省（現在の文部科学省）の直轄の研究所で英語のジャーナルの編集をする特別職で就職したが，１年もたたないうちに，それは単純な作業であり，一生続ける仕事ではないと考えた。その夏休みに，同級の仲間と大学の卒論指導の高野ふみ教授を尋ねた。高野教授は学生部長を兼務しており，平木先生が自分のキャリアを含めた進路を模索していることを理解され，それを考える機会として役立つならと，次年度退職する学生部職員の後任として，その仕事を紹介された。「大学という環境で情報を得ながら，一生の仕事を探るという機会は実に幸運なことであった」と述べられている。

「偶然にも，学生部学生課の書庫には，『学生助育総論』（Wesely P. Lloyd 他，1953）という冊子があり，その冊子の中にそれまで聞いたことがない「カウンセリング」という言葉がでてきた。その冊子は，戦後，日本の民主化のために来日した北米教育使節団の数年にわたる長期のワークショップと研修記録の翻訳であった。それは，一言で説明すると，北米における小学校，中学校，特に高校から大学にいたる子どもたちのキャリア（職業を含めて生涯をいかに生きるか）の支援について書かれたものであり，個人の悩みや適性などの探索や支援には専門的な支援として「キャリア・カウンセリング」があることが述べられていた。小学校から自分の人生をどう送るかを考えさせる教育の記述があり，衝撃を受けた。『日本でもこのような教育があれば，私はこんなに悩まなかったのに……』と思った」。

その教育使節団の企画責任者で団長でもあったのが，その後，平木先生が留学し，カウンセリングを学ぶことになったミネソタ大学の心理学教授ウイリアムソンである。また，ミネソタ大学は使節団に３人もの先生を送りこんでいたことや，ウイリアムソンが学生部長をしていることから，ウイリアムソンの下で学ぶことは，帰国後学生部の仕事に役立つ学びができると考えたとのことである。

学生部長に，今後学生部で仕事をするにあたっては，Student Personnel Work（学生という人事について関わる仕事）があること，とりわけカウンセリングが必須の理論であり技法であることを訴え留学交渉をした。

高野学生部長はフルブライト奨学金の英米文学領域の選考委員であり，フルブライト奨学金に応募することを勧めてくれた。当時，カウンセリングの領域での留学希望者は稀だったこともあり，無事合格し往復の旅費と1年分の授業料，滞在費を含む奨学金を得ることができた。

（2）ミネソタ大学大学院教育心理学専攻での学び

平木先生は，早速，ミネソタ大学心理学教授で学生部長であったウイリアムソン[1]教授に，奨学金を得たこと，英文学専攻の自分が学生カウンセリングの大学院に入るには，どのような方法があるかと手紙を書いて尋ねた。返信は，教育心理学専攻の大学院に応募するよう「ともかく，大学に来てから考えればよい」とのことであった。

当時，北米では，カウンセリング（とりわけ学校カウンセラーの教育と資格認定）が全国規模ですすめられており，大学院修士課程修了はその条件であった。米全土から，学部の専攻が心理学

1　ウイリアムソン（1900-1979）アメリカの心理学者。1960年代にミネソタ大学で，パーソンズの特定因子論（talent-matching approach）を研究，学生カウンセリングの草分けとなる学生キャリア相談所を創設した。大学の相談センターの組織運営には積極的に学生の意見や提案をとりいれた民主的運営をした。

ではなかった中・高の教員，他の国からの留学生が数多く在籍しており，その人に応じたキャリア・カウンセリングを実施していた。バックグランドが異なる学生の一員として受け入れられ，2年半の教育心理学カウンセリング専攻で教育学修士号（1964 年）を得て帰国した。

平木（2020）によれば，ミネソタ大学はミネソタ方式と呼ばれる州内の小学校から高校までのキャリア教育プログラムの実践指導を行っていた。このプログラムの基礎になるのは，「人は誰もが自分にふさわしい vocation（天職）を生きる権利がある」という人間観であり，その理念を実現するためにカウンセラーは，「各自が持てる能力を活用して，社会の中でなすべきことを生涯にわたって追及する生き方」の支援をすることになっている。

あらためて，平木先生にミネソタで学んだ「キャリア・カウンセリング」の意味を尋ねると，「キャリア」とは「生涯」という意味であり，「キャリア・カウンセリング」は「小学校から始めなければならない。自分が生涯どう生きるかを考えなければならない。人はそれぞれの適性，能力，環境の中で，それらを組み合わせて生きてゆくのだから，3つを開発し育てていくのが人間の生き方なのだから。仕事は生涯の中で大きな役割を占めるのだけれど，人が生きることを支えるのがキャリア・カウンセリングで，職業はその一部である。日本でキャリアを職業と訳したのが混乱の始まりと思う」と述べられた。

（3）立教大学の教職員カウンセラーへ

母校津田塾大学に戻り，学生部勤務をしていたとき，私立大学連盟学生部課長会議が開催され，平木先生は学生部長の代理で出席した。当時は，いわゆる「70 年安保闘争」と呼ばれる，日米安全保障条約改定を阻止のための学生や労働者による全国的に行われた集会，デモ，ストライキなどの中で，過激派などによる内部抗争，武装闘争が激化し，大学によっては，「機動隊」と呼ばれる警察部隊による鎮圧や取り締まり，逮捕者，デモの中で圧死する人が出るという時代である。

会議では，各大学の学生部に関わる教職員が，過激化する学生の動きにどう対応するかという方法論が最大のテーマであった。部長代理として黙って聞いているはずの平木先生は，学生を敵視して，取り押さえることだけに熱心な議論を聞くことに堪えられなくなっていた。

平木先生は，その会合のほぼ最終段階で，暴力化し，過激化する学生への対応は重要な課題であるが，コミュニティの仲間であり，学びの徒でもある学生をあたかも敵であるかのように扱うことについて，ついていけない気持ちを伝えたという。

会議の後，会議に同席していた立教大学の学生部長と学生課・厚生課の課長などから呼び止められ，もう少し話が聞きたいと言われミネソタ大学留学のこと，大学と学生の葛藤もある学生集会や学生部におけるウイリアムソン博士の学生対応のことなどを手短に話したところ，後日大学訪問をすることとなった。その結果，平木先生は次年（1972）度から，立教大学学生相談所のカウンセラー兼教員として採用されたとのこと。

この会議のエピソードは，平木先生が権力（POWER）ではなく，常に人を尊重する姿勢を持って接すること，また，どのような場でもアサーティブに表現されることを示すもので，筆者はその姿勢に憧れている。

また，その平木先生をすぐにスカウトして，教職員のカウンセラーとして採用する立教大学の姿勢も素晴らしいと感じる。

（4）PCA ワークショップの参加

その後，1975 年の 8 月に，カリフォルニアのミルズ大学の構内で行われた，カール・ロジャースの主宰する 16 日間のワークショップ“Person-Centered Approach : The Process of Individual Growth and its Social Implications”に，3 人の日本人，都留春夫氏（当時国際基督教大学），小谷英文氏（当時広島大学），平木典子氏（当時立教大学）が揃って参加した。

このことを知った日本・精神技術研究所（略称：日精研）の内田純平氏は，1976 年 1 月 17 日に，この 3 名が語り合うシンポジウム「最近のカール・ロジャース」を開催した。

（5）アサーショントレーニングコースの開催

平木先生は，1979 年～ 1980 年，在外研修で，サンフランシスコ州立大学において，家族療法・アサーション・トレーニングの訓練を受けてこられた。平木先生は，日本でも人と人とのコミュニケーションにおいて，受け身的・引っ込み思案的＝ non-assertive な人や，それと逆に攻撃的＝ aggressive な人は多くいて，不毛なコミュニケーションが多く見られると考え，日本でも「アサーション・トレーニング」は必要で有効なのではないかと考えた。後述する日本・精神技術研究所が主催する PCA (Person-Centered Approach) のワークショップのインタレストグループで「アサーション・トレーニング」を紹介したところ，内田純平氏は平木先生の考えに共鳴して，「アサーション・トレーニング」のコースを開催することを決め，平木先生の指導でプログラムの開発を行い，1982 年第 1 回の「アサーション・トレーニング」が開催された。

この日本・精神技術研究所は，その後，日本における人間学派等を含む多様な事業に取り組んでゆく。日精研でカウンセリング関係の事業を推進したのが所長の内田純平氏であり，小川信男氏である。筆者は日精研を，日本における人間学派の発信地と考え，キャリア・カウンセリングの２つめの源流とした。

3 キャリア・カウンセリングの源流その2：日本における人間学派の発信地「日本・精神技術研究所」

日本・精神技術研究所（略称：日精研）は，内田クレペリン検査の創始者である内田勇三郎氏が設立した機関である。その後継者である内田純平氏は，内田クレペリン検査以外のカウンセリングや組織開発に関心があり，小川信男氏と様々な活動に取り組んでいた。両氏は日本における来談者中心療法やフォーカシング，アサーション・トレーニングや組織開発，キャリア・カウンセリングなど多岐にわたる発展に尽力したユニークな人物である。

この日精研の歴史を紐解くため，当時の日精研に社員としてカウンセリング業務を担当していた八巻甲一氏にインタビューして伺った話と日本・精神技術研究所の 40 年史（日精研部外秘）からその足跡をたどってゆく。

八巻甲一氏は日精研の社員として，佐治先生から長年にわたりカウンセリングの指導をうけた直弟子であり，また平木先生からも「アサーション・トレーニング」を伝授された実践家である。

1967 年 11 月，株式会社日本精神技術研究所設立，内田純平氏が代表取締役に就任する。1969 年 6 月，内田純平氏は，センシティビティ・トレーニング（ST）に参加した。内田純平氏は「この体験は新鮮かついささかショッキングなものであった。人間の話には，コンテントとプロセスの両方があり，時にはコンテント以上にプロセスの方が大事な場合があるのだということを気づかせてくれたという意味で貴重な体験であった」と述べている。

（1）企業内教育訓練の開始

ST のつながりから，企業内教育の経験を持つ小川信男氏が日精研に加わり，企業の教育訓練担当者を対象にした「教育訓練研究会」を開催し，「企業内教育訓練と組織開発」などのテーマに取り組んでいた。日精研が主催する「対人関係開発ラボラトリー」（宿泊型 ST）は 1975 年ぐらいまで続いた。また，マズロー理論の権威であった上田吉一氏，土屋晃朔氏を講師に招いて，シンポジウムを高輪プリンスホテルで 2 日間開催するなど，企業へ人間学派の知見を広めることを指向していたと思われる。

（2）日本でのエンカウンターグループ：PCA ウィークエンド

日精研は 1976 年 3 月にカウンセリングルームを立ち上げることにした。

カウンセリング関連の仕事を旗揚げするに当たって，何か記念となるような仕事をしようと考えていたとき，耳寄りな情報が平木典子氏（当時立教大学）から寄せられた。それは，1975 年の 8 月に，カリフォルニアのミルズ大学の構内で行われた，カール・ロジャースの主宰する 16 日間のワークショップ “Person-Centered Approach : The Process of Individual Growth and its Social Implications” に，3 人の日本人，都留春夫氏（当時国際基督教大学），小谷英文氏（当時広島大学），平木典子氏（当時立教大学）が揃って参加してきたという情報であった。

日精研は，Person-Centered Approachという考え方を提唱していたカール・ロジャースについて，3人で語り合うシンポジウムを企画し，1976年1月17日に，シンポジウム「最近のカール・ロジャース」を開催した。

その後，1976年5月に『レポート最近のカール・ロジャース』を出版し，ロジャースのPerson-Centered Approach（PCA）の精神を生かした実践・運動として12月に「PCAウィークエンド」というエンカウンターグループが開催された。また，1976年に，カール・ロジャースがファジリテーターを務めたエンカウンターグループの記録映画「Journey into Self」（上映時間48分）があるという情報を得た日精研は，日本語版制作の許可を取った。翻訳は，平木先生が担当し，日本語タイトルは，「出会いへの道」とされ1977年1月に公開された。

日精研が主催する「PCAウィークエンド」は，週末土曜日の朝から夜までの13時間のスモールグループと，夏春の合宿形式のものとの2本立てで，十数年間にわたって開催され続け，全国から，常連参加者の人も含め，実にたくさんの多彩な人達を集めた。

（3）ビデオ『グロリアと3人のセラピスト』の制作・販売

カウンセリングを学ぶ人が必ず視聴するビデオ『グロリアと3人のセラピスト』は，日精研が1980年に翻訳出版した。アメリカのサイコロジカル・フィルムズ社が制作した“Three approaches to psychotherapy”というビデオは，グロリアという女性クライエントが，カール・ロジャース（来談者中心療法），フレデリック・パールズ（ゲジュタルト療法），アルバート・エリス（論理情動療法）という3人の理論・立場・方法の違うセラピストと面接を行い，それぞれからセラピーを受けるという非常に興味深い3巻もののビデオであった。

日精研は，ビデオ日本語版（邦題『グロリアと3人のセラピスト』）を制作することにした。トランスクリプトの翻訳（佐治，都留，平木）を行い，声優も決めて，1980年5月には日本語版を発刊した。また，8月には，このビデオを用いて，カウンセリング研究講座を開催した。ビデオⅠ～Ⅲ部を佐治守夫先生，都留春夫先生，平木典子先生がそれぞれ解説をして，質疑応答を行う画期的な講座であった。

（4）「アサーション・トレーニング」の開催

平木先生は，1979年～1980年，在外研修で，サンフランシスコ州立大学において，家族療法・アサーション・トレーニングの訓練を受けてこられた。PCAのワークショップのインタレストグループで「アサーション・トレーニング」を紹介したところ，日精研は平木先生の考えに共鳴して，「アサーション・トレーニング」のコースを開催することを決め，平木先生の指導でプログラムの開発を行い，1982年の4月に第1回の「アサーション・トレーニング」を開催した。

（5）「フォーカシング・セミナー」の開催

日精研ではPCAのワークジョップ（先述）のインタレストグループにおいて都留春夫先生（当時国際基督教大学教授）が「フォーカシング」のことを紹介したのがキッカケで，1983年～1986年まで年1回3日間の「フォーカシング・セミナー」を，都留春夫先生の指導のもとで開催した。1988年からは，都留先生に代わって村瀬孝雄先生の指導のもとで，年1回3日間の「フォーカシング・セミナー」を続け，途中から，近田輝行，日笠摩子先生なども加わった。

また，1988年からは，日精研ワークショップのプログラムのひとつとして「フォーカシング」を取り上げ，都留，村瀬，山岡重信，近田，日笠などの諸先生が随時関わり，1998年のワークショップまで「フォーカシング」を続けた。1995年『フォーカシング事始め』（村瀬孝雄，日笠摩子，近田輝行，阿世賀浩一郎他著）を日精研より発行・販売した。

（6）「日精研心理臨床センター（略称「NPCC」）」開設

そのセンター長には，1984年3月に東京大学教育学部教授を定年退職した佐治守夫先生が就任した。佐治先生は，大学を退職されたあと，臨床活動と臨床教育活動に専念したいとの意向を持っていたため，「日精研心理臨床センター」の所長に就任した。開所記念シンポジウム「いまなぜ心理臨床か」を，淡路町の損保会館で開催した。シンポジストは岡堂哲雄氏，山本和郎氏，横山哲夫氏，越智浩二郎氏，村瀬孝雄氏，司会は佐治守夫氏であった。

（7）「日精研心理開発センター（略称 NPDC）」開設

「日精研心理臨床センター」で行ってきた各種のプログラムと同じようなプログラムを，企業向け（産業界向け）にも展開できるのではないかという発想のもとに，横山哲夫氏（当時，モービル石油人事担当重役）をセンター長に迎え，1987年に「日精研心理開発センター」を立ち上げた。運営メンバーは横山哲夫センター長，小川信男氏，呉守夫氏，今野能志氏等であった。

「日精研心理開発センター」では，1987年7月～1997年7月まで，58回の「職場の〈心理適応〉講座」を開催した。(講座例：「職場におけるうつ症のケース」，「社員相談とメンタルヘルス」，「キャリア・カウンセリングキャリア・デイベロップメントの活性化」，「ストレス社会における人間関係論再者」，「メンタルヘルスの法律問題」，「メンタルヘルス教育の原則と方法」，「中高年社員のメンタルヘルスライフサイクルの視点から」，「組織心理学」等多岐にわたって開催された。内田氏はまだこういうテーマの講座が行われていない時代に，先駆的な意味を持っていたと思うと述べている。

このように日精研は，人間学派のロジャースやジェンドリン，マズローの理論やワークショップを積極的に日本に紹介し，また，PCAウイークエンドには先進的な企業関係者も多く参加し，人間学派の哲学が企業経営や人事管理に浸透する影響を与えたと考える。

特に，日精研が，1984年に「日精研心理臨床センター(NPCC)」，1987年に「日精研心理開発センター（NPDC)」を開設したことが，3つの源流の合流点となりその後の変化を生みだすことになったのではと推察する。

4 キャリア・カウンセリングの源流その3：日本発のCareer Development Program(CDP)からキャリア開発&キャリア・カウンセリングを提唱した横山哲夫氏

横山哲夫氏は，モービル石油株式会社（以下，「モービル石油」という）において人事・総務統括部長を務め，人事部の視点から，日本の人材開発の在り方や理想とする人事制度改革を探求実践していた。米国で始まったCDP（Center-Development）をモービル石油の人材育成制度として構築し，人材開発をキャリア開発へ発展させたと考えられる。

その始まりを知る手がかりは『人事部ただいま13名－ライン人事管理の実践』(横山哲夫著，日本経営出版，1969年)である。人事管理と人材育成の真の主役は，ラインの管理者と社員自身であることを，M社を事例として提言している。この本の底に流れるものは，個人の尊重であり，個別管理，個別育成の重視である。

1972年『人事管理自由化論－硬直人事を打破するために－』(ダイヤモンド社）は，立教大学教授武澤信一氏のもとに，横山哲夫氏（(株）モービル石油人事・総務統括部長)，植松千里氏(ソニー人事開発部長)，長坂寛氏（スタンレー電気社長室長）阿部薫氏（神戸製鉄所中央研究所長・理事)，清水清氏（日本IBM,人材開発担当マネージャー）など先進的な企業のメンバーが執筆をしている。この本では，戦後の日本の発展を支えてきた，集団管理，年功序列，労使関係がグローバル化や社会の変化に対応すべき時期を迎え，「人事の自由化＝人間の自由化，個性開発，個人尊重の人事管理」を提言している。

（1）個立の時代の人材育成

平木先生がミネソタ大学留学で「キャリア・カウンセリング」を日本に持ち帰り，立教大学で学生相談室カウンセラー兼社会学部社会学科講師として勤務しており，同時期に横山氏も立教大は社会学部非常勤講師として10年間若者と関わっていたことや，同じ立教大学に横山氏が師と仰ぐ武澤信一教授がいたことは偶然と思われるが，日精研でのPCAを通じた交流等の中で，人間学派の哲学をベースとする横山氏の「キャリア・カウンセリングモデル」が完成された可能性がある。

1988年『多様・異質・異能が組織を伸ばす　個別の時代の人

材育成』（横山哲夫，生産性出版）が出版される。

この本の「はじめに」の書き出しは次のように始まる。「およそ 10 年も前の話である。『個立』という言葉に出くわした。何の研究会だったかは忘れたが，立教大学の平木典子先生が『個立』と板書され，『孤立』じゃありませんよ，と付け加えられた。個人としての精神的自立，なるほど，これは簡明でいい。この言葉を企業組織の人事管理，人育成の場で大いに使ってはやらせてやろう，と一瞬で心に決めた。組織人の『個立』，これこそ私が 30 年来，企業実務の中にあって，こだわりつづけ，かかわり続けてきたテーマである。」

およそ 10 年前であるから，1978 年頃のことであろう。とある研究会で平木先生の「個立」の言葉と出会い，組織人の「個立」が自己のテーマであることを確信したことが明記されていることから，この時期に横山氏のアイデアがまとまって，「個別の時代の人材育成」が執筆されたと推察される。

この時期は，米国から CDP（Career Development Program）が紹介された時期でもあり，『個立の時代の人材育成』（横山，1988）には，横山氏が完成させた日本発の CDP の哲学や制度が簡潔にまとめられている。

この時期に完成されたモービル石油の人事制度について，横山氏が師と仰ぐ立教大学教授・武澤信一氏は，『個立の時代の人材育成』（横山哲夫，1988）の序文で，「モービル石油の背後には，世界に広がるモービルのネットワークがある。つねに世界のモービルと日本の現実との接点で，その人事管理を築いてこなければならなかった。この宿命がモービル石油の人事管理をすぐれたハイブリッド文化にしたのだと思う。『個立化・異質化・国際化』が時代の流れとすればモービル石油の人事管理は期せずして時代精神の先取りをしていたのだろう」と述べている。

横山氏は，同書の第２章「管理なき人事（人間の自由化)」で，「人間を最も人間らしく特徴づけるのは，『創造的意欲』であろう。創造的意欲は人間が『自分が自由である。自主的に，主体的に，働いている』と自ら感じている状態から生まれるものである。」「真の意味での人間尊重は個別化の中でしか考えられない。人間が最も人間らしく生きようとする生きがい，働きがいは個人の自律性の中で主体的にしか得られないものである」，「企業における人間の自由化は，２つの面から生まれる。１つは，個人の自由が保たれるような企業風土と人事システムを作ること。他の１つは，自由に生きようとする個人の心構え，意識そのもの，つまり，人間主体の保護，育成の面である」と述べている。

企業における組織的なキャリア開発（organizational career development）は，個人レベルのアプローチであるキャリアプランニング（career planning）と組織レベルのアプローチであるキャリアマネジメント（career management）の相互作用のプロセスである（下村，木村 2022）が，横山氏は，日本文化，組織主導の人材開発等の日本の現実を踏まえ，人間尊重の哲学を基盤とする組織的なキャリア開発モデルを提唱したといえる。

また，横山は，次のように述べている。「人間の自由化を企業組織の中で現実に可能にするためには，理念的な大前提がある。その第一は，その企業の最高責任者および経営幹部の人間観の問題である。人間を他の動物から区別する人間固有の高次欲求－完成し創造する過程の中で自律的に働く（生きる）よろこびを得ようとする－に対する確信と共感，そして人間存在に対する基本的信頼と愛情がそれである。人間の自律性に対するポジティブな確信のないところに人間の自由化が展開するはずがない」とし，「企業の最高責任者や経営幹部の人間観の軸がしっかりしていなくてはならないこと。その軸に一貫した制度設計や処遇が実施されるべき」と述べ，トップマネジメントの意識とコミットメントが重要であることを次のように指摘している。

多くのトップのホンネが「組織の人的秩序の維持と平和」であり，「組織への忠誠心の高揚による団結」であるように思われてならない。これでは 21 世紀に通用する人材育成は間に合いそうにない。組織外の環境変化（自由化・国際化と組織人の質的変化（新人類台頭））に対応する個別化・個立化に焦点をおかない限り，新時代に即応した人材育成はすすまない。

そして，CDP の具体的展開例として，モービル石油の人事システム（採用・配属・教育訓練・人事考課・昇進・昇給・労使関係・福祉厚生の自由化，海外留学制度，管理者訓練等）を各章で紹介している。

個立の時代の人事管理として，マズローの自己実現に向かう欲求 5 段階説を「人事管理（人材育成）5 段階説（生存管理・安定管理・集団管理・個別管理・個立管理）」と対比させ，個立人事管理の理念を提唱しその制度を提案している。

第 4 章は，目標による管理（MBO）と人事考課の統合を，第 5 章は人事部中心の横断的人事管理からライン主導型の個別管理への移行，第 6 章は個別（立）の人事育成の全社的統合を目的とした「キャリア開発会議」「キャリア開発委員会」の設置と面接制度の重視，第 7 章は採用の弾力化，第 8 章は自己申告制度，第 9 章は SL 理論である。

第 10 章に「キャリア開発ワークショップ（CDW)」が取り上げられ，CDP のコアとなるプログラムとして，「キャリア開発ワークショップ（Career Development workshop：CDW®)」を紹介している。

（2）キャリア開発ワークショップ（CDW）

キャリア開発ワークショップ（CDW）は，３つの目的「自己認識を深めること」「自己のアセスメント（自己分析）に挑むこと」「自己のキャリアゴールとキャリアパスを明確にすること」である。原則２泊３日の合宿で取り組む。

CDW は，多角的，組織的に構造化された手続によって，内的キャリアを開発するために自己分析を個人作業で行い，内的キャリアと外的キャリアとのすり合わせを通してキャリア・プランを作成する試みである。CDW での自己分析では，欲求充足度，フラストレーション度，モテイベーション条件，能力・行動特性，適性，キャリア指向性，ライフ・ダイヤグラムというように，欲求の次元，パーソナリティの次元，価値の次元，社会資源の次元が網羅的に組織化されて経験が掘り起こされる。

一方，キャリア・カウンセリングは，来談者の感情と意識の流れに沿って展開されるので，経験の掘り起こしは限定的で，焦点化される。CDW とキャリア・カウンセリングのそれぞれの経験の掘り起こしの間を往き来することによって，経験の掘り起こしに深まりと広がりを持たせることできる（小川，2004)。キャリア開発ワークショップのスケジュールを，図１に示す。

	第1日	第2日	第3日
午前		—不満／不安 —モティベーター —能力 —行動特性	◆話し合い —生きがい、働きがい ◆キャリア・プラン —分析結果の整理
午後	（開講13：00） ◆オリエンテーション ◆自己紹介・職場紹介 ◆ＣＤＰの概念 —キャリアとは —キャリア開発とは ◆自己分析—Ⅰ —満足度	—キャリア指向性 ◆キャリア事例 ◆自己分析—Ⅱ —パーソナル・データ —ライフ・ダイヤグラム —ダイヤグラム分析	—適職／不適職 —キャリア目標 —改善必要点 —中・長期キャリア・パス —アクション・プラン （閉講16：30）
夕方	キャリア・カウンセリング 自己学習 情報交換	キャリア・カウンセリング 自己学習 情報交換	

図１：キャリア開発ワークショップのスケジュール

（3）「キャリア・カウンセラー」「キャリア・カウンセリング・ルーム」の名称提案

第 12 章「個別（立）の人材育成促進のその他の方法」に，「キャリア・カウンセラー」「キャリア・カウンセリング・ルーム（CC ルーム）」が提案されている。

「従来の『社員相談室』では不適応者に救済のイメージがあり利用しづらいイメージがある。提案として社員相談室を「キャリア・カウンセリング・ルーム（CC ルーム）」に名称変更して内容も拡大変更することである」「CC ルームでは，本来的な意味での心理治療的な，不適応者対象のカウンセリングから，実務的な健常人への進路指導的ガイダンスを含めた幅広い面接を行うこととする。いうまでもなく，キャリア・カウンセリング・ルームを名乗るからには，不必要な指示助言はできるだけ控えて，自分で気付き，自分で解決にすすむことができるようにするカウンセリングの基本は維持されなくてはならない。CC ルームの成功のカギは，キャリア・カウンセラーの資格・能力・人柄にかかっている。」と述べている。

（4）「エンカウンターグループ（EG）」の勧め

横山氏は，「エンカウンターグループ（Encounter Group：略称 EG）」も積極的に勧めている。

「EG は，自己認知と他者理解を深め，人間関係の改善を図る体験学習である。」と述べ，さらに進める理由として以下のように述べている。

「グループの話し合いを通じて，自分らしさに気付く。その気づきが正しいかどうか，よりも自分の人生の主役としての，自分の主体的な気づきを大事にすることを学習するのである。こうした学習は，日常生活ではなかなか得られない。

特に大方の企業人（特に中高年）は『組織のために』のタテマエで，時に自分を偽るほどに自己規制し，周囲への困惑の中に埋没することを余儀なくされることが多かったから，いつの間にか主体的に行動することが難しくなってしまっている。自分では気付かぬうちに，自分がわからなくなってしまっている。わからなくなってしまっていることに気付かないでいる。（中略）自己申告制や目標管理，あるいは幹部面接など会社からの個立への働きかけがあっても，それに対応する個の側の主体性が発動しないと，せっかくの制度が活かされない。

個人の主体性を発動させないようにしてきた組織の側に少なくとも半分の責任があるのだから，今までの罪ほろぼしとして，EG 参加を従業員に進めてみてはどうか。都内だけでも何十とある外部機関の EG への自主参加をすすめ，経費援助をするのもよいのではないか。」

このように，横山氏は，集団主義・組織主導の日本社会・企業風土から脱却し，個人の成長を支援することが組織の活性化につながる理念を掲げ，それを具現化するCDPを構築実践した。人材育成の立場からキャリア開発＆キャリア・カウンセリングの視点を導入し，組織と個人の新たな共生を目指すことが「日本独自のキャリア開発＆キャリア・カウンセリング」として構成されたと考える。

（5）「日本発のCDP」の広がり

1986年，横山氏はモービル石油で定年退職（60歳）し，組織・心理開発研究所を設立（個人事業）する。また，1987年には，「日精研心理開発センター」のセンター長に横山氏が就任する。心理開発センターの運営メンバーは横山哲夫氏，小川信男氏，呉守夫氏，今野能志氏（遅れて参加）等であった。また，モービル石油の教育機関である「ペガサスマネジメントスクール」を含め，モービル石油で完成させた日本発のCDPを日本の各企業に広げてゆく。

この時期に，どのような企業に浸透したかは不明であるが，『個人を活かし組織を活かす　キャリア・カウンセリング』（横山哲夫，小川信男，呉守夫，1995）の巻末に掲載された「キャリア・カウンセリング関連活動記録」によれば，講演・研修を行った企業＆機関は，「モービル石油」「ジョンソン」「ユーコープ事業連合」「Ｉ・Ｃ・Ｃ」［双葉電子工業］「精神衛生普及会」「西武百貨店」「ウイル」「中外製薬」「産能大学」「帝国インキ製造」「地方銀行協会」「ジャスコ」「農林中央金庫」「岩波ベルト」「ネスレ」などがある。

（6）「ユーコープ事業連合」でのCDPの取り組み

横山氏がモービル石油で開発実践したCDPモデルを，忠実にとりいれたのが「ユーコープ事業連合」である。ユーコープ（1946年設立）は，「人・社会・自然の調和ある社会」を理念として掲げる，神奈川県・静岡県・山梨県の3県による「生活協同組合」である。

「ユーコープにおけるキャリア開発制度」は，横山哲夫氏をアドバイザーとして1987年から運用を開始した。このキャリア開発制度を事務局として推進をすすめたのが，秋場隆氏である。

今回秋場氏にインタビューし貴重な情報と資料を提供していただいた。秋場氏から伺った情報から，横山氏が目指した人材開発としてのキャリア開発制度の展開のプロセスを整理してみる。

秋場氏曰く「当時，ユーコープは成長・拡大期であり人材育成が追いつかない状況であった。人材育成は商品の仕入れ等とは異なり，不足してもすぐに調達できない。そこで，全組織的な見地から人材育成を進めるため，『個人と組織の共生』の実現を核心に，個人のニーズと組織のニーズを調和させることで，組織の活性化を目指すキャリア開発制度の導入を決めた。」とのこと。

ユーコープでは，「人づくり・キャリア開発」を促進するにあたり，すぐに制度作りに入るのではなく制度設計・運用の哲学である「87長計人事方針」を定めた。それは「①人間の熱意と能力・可能性を確信する。②ラインの長と横の交流が人を育てる，③個人の個立的な人材開発をすすめる。」である。最初に制度設計・運用の哲学を定めたことが，その後の20年以上の制度展開で，木に竹を接いだようなキャリア開発制度・人材開発制度になることを防止することができたと語る。

図 2 に「ユーコープ事業の人材開発制度」を示す。

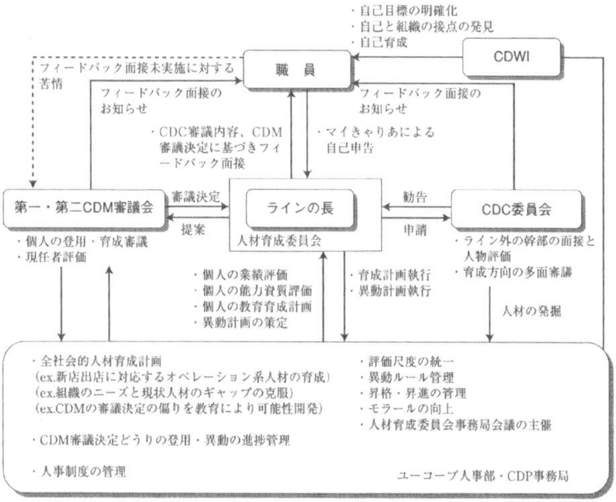

図 2：ユーコープ事業の人材開発制度
出典：個人と組織の共生を目指して　キャリア開発／キャリア・カウンセリング（生産性出版）

秋場氏によれば，人事開発制度が完成するまで，約 10 年を要したとのことであるが，その人材開発制度の導入プロセスは，「87 年方針の決定」→ 88 年から横山氏による管理職へキャリア開発教育→平木先生他によるカウンセリング（傾聴とアサーション）研修→ CDC & CDM の導入→ CDW の導入の順であったという。

ユーコープが最初に立ち上げたのは「人材開発委員会（CDC）」である。「人材開発委員会（CDC）」は「専務，常務，本部長，部長，アドバイザー横山氏，事務局秋場氏」で構成され，管理職や管理職一歩手前の職員に，業務ラインとは無関係な委員からなる「人材開発委員会面接（CDC 面接）」を実施する。CDC 面接の結果から，各職員の今後の育成方針・キャリア展開の機会を多面的に審議しラインの長と本人へ助言を行う。
「人材開発会審議会（CDM)」は３層構造で，執行役員を対象とする「TOP CDM 審議会」，部長を対象とする「第一 CDM 審議会」，課長を対象とする「第二 CDM 審議会」からなり，職員の将来に向けての人材育成計画を多面的に審議するものである。社内の人材発掘をし，ラインで人材を抱え込むことなく，会社全体で人材を共有するものであり，人事部は事務局に徹することが求められた。ラインの上司と部下では２本の面接パイプである「マイキャリア（自己申告制)」「マイタスク（目標設定)」が実施された。

これらの諸制度の実施には，管理職がキャリア開発制度を十分に理解することが不可欠であり，アドバイザーの横山氏は年間 60 日に及び CDC & CDM に参加したとのこと。同時に「マネジメントスクール」を開催，講師を今野能志さんとして，目標管理（MBO）などの教育を実施したとのこと。

キャリア面接を実施するのには「ヒューマン・スキル（人間理解力)」が重要であり，係長以上の管理職全員を対象に「カウンセリングセミナー」を開催した。講師は平木典子先生で，セミナー参加は管理職への昇進要件とされた。また，「アサーション」は人材開発には重要なスキルであり，キャリア面談にはアサーションが不可欠であるとの認識から，講師・小川信男氏による「アサーション・トレーニング」も導入された。

秋場氏曰く，「モービル石油は 1,300 名規模，ユーコープも 1,400 名規模であり，このキャリア開発制度を実施するには適切な規模だったと思う。人事の育成評価－処遇－配置を一貫性をもって実施するには人的規模の制限があり，逆に 1,400 名規模までは実施できることが証明されたと思う。モービル石油は外資系であり，ユーコープは日本の協同組合の違いがあり，ユーコープは面接を重視したため，傾聴＆アサーションに取り組んだ。
また，横山氏，今野氏，平木先生，小川氏などの指導者に恵まれたことを感謝している。一方，社外の指導者だけでは，社内は纏まらない。社内で，熱い思いを語って本当の意味を伝える内部の人間がいて社内を纏めることができる。」
秋場氏も本部長クラスと何度もひざ詰めで飲みに行ったとのことである。
また「当時は，『キャリア開発』という概念は一般的でなく，『人材開発』であった。人材開発には，経営学・組織学と心理学の両方の学びが必要と思う。現在『セルフキャリアドッグ』の導入が提唱されているが，『個立の時代の人材育成』（横山 ,1988）にはその神髄が書かれており読むことをすすめたい」と語られた。

（7）人材開発からキャリア・カウンセリングへ

1988 年の『個立の時代の人材育成』の出版から，７年後の 1995 年に『個人を活かし組織を活かすキャリア・カウンセリング』（横山哲夫，小川信男，呉守夫著）が出版された。この著作のタイトルが示すように，「キャリア・カウンセリング」が重要な概念として位置付けられた。
同書のまえがきは「キャリア・カウンセリングの組織的導入の勧め－こころの時代のマネジメント」で始まる。
「キャリア・カウンセリングの本を書こうと筆者（横山）が思い立ったのは３年前であった。待望の『後期現役』のライフステージに入ってから 10 余年，『経営人事コンサルタント』として『個』を重視した人事管理・人材育成の制度化，運用の実践と指導に打ち込んでいるうち，その進展を妨げているものが何なのか，次第に明らかになったように思えた。特に最近の数年間は集団及び個別のキャリア・カウンセリングを通じて，日本型組織の人材開発に共通して著しく欠けているものを『キャリア・カウンセリング』に集約できると思うようになった。大方の人材開発，キャリア・ディベロップメントの形骸化，『仏作って魂いれず』の実情は，キャリア・カウンセリングの組織的導入によって活性化可能であるとの心証を強めた。組織におけるライン管理者ならびに人事スタッフのカウンセリング・マインドの欠如は，例外を除いて顕著である。カウンセリング・マインドとは育成マインドである。育成マインドとは『育成してやる』のではなく『自ずから育つ』ことを手助けするマインドである。(中略) 以上を要するに，本書では『ヒトと組織の共生』を可能にする，現代的で，実践的な切り口として『キャリア・カウンセリング』の組織的導入を提言する。『ヒト』の視点から，この激変の時代も組織の将来を考え，組織の中で働くヒト，ひとりひとりの主体的生き方，働き方 (キャリア形成の質) を考えあわせると，そこの大きく浮かび上がってくるのは，『トータル人事システム』における『カウンセリング的視点の強化』の必然性である。」と記載されている。

更に，横山氏は，「目標管理・キャリア開発コンセプト見直し」の項で，次のように述べている。

「(前略)『目標管理』と『キャリア開発』の制度的導入を早くから行っている組織もある。ところが，この『早くから』には実は問題があったことに気づかなくてはならない。個人の意思の無視，軽視の集団主義にいささかの疑問もなかった時代に，中央集権的型人事部の形式主義によって制度が始められたということに他ならない。名ばかりの個別的配慮のもとに，組織（人事）側の一方判断や過剰統制が行われ，剛構造的キャリア・パスに個人をはめ込むような作業をCDPと称していたことになる。個人の自立を前提とした個と組織の共生のコンセプトは姿を潜め，いわば『仏作って魂いれず』のまま，『早くから』推移してきたことになる。これでは個立型人材が育つはずがない。」

さらに「個立の人材育成も実践上の鍵はキャリア・カウンセリング」と述べ，「手立ては，ライン管理者のカウンセリング・マインド教育であり，カウンセリング・スキルの習得である。管理者に対する実務的なカウンセリング・トレーニングであり。この指導は実務感覚のある専門家に依頼しよう」と述べている。

前述の「ユーコープ事業の人材開発制度」の組織的導入では，当初から管理職にカウンセリング教育やアサーション研修を組み入れており，このような成功例を踏まえての考察と推察される。

（8）「キャリア」は仕事人生か，全人生か？

この本は，横山氏，小川信男氏，呉守夫氏の共同執筆である。「多様な個の尊重，こころの時代のマネジメントの追及にふさわしい２人の得難い友人（呉守夫氏，小川信男氏）がこの共著企画にこころから賛同，協力してくれた」とある。

横山氏の「キャリア・ディベロップメント」の考えは，次のように示されている。

「本書の書名を含めた用語の解説は第２部で取りあげることになるが，とりあえず下記について，もともとキャリア・カウンセリングをめぐる用語の厳密な定義に著者達の大きな関心はない。関心の焦点は個人と組織の共存共栄である。そのためのキャリア・ディベロップメントであり，キャリア・カウンセリングである。組織の一方通行的配慮ではなく，ひとりひとりの主体的な生き方，働き方を組織の中でどこまで追求，許容，奨励できるかを考えることである。

それがこれからの組織の生存と発展に直結する，キャリア・ディベロップメントの精神である。その制度化が，キャリア・ディベロップメント・プログラム（CDP）である。CDP の一部であって，CDP 全体の活性化のカギを握る心臓，あるいは大脳機能がキャリア・カウンセリング（CC）である。本書は実践を通じてそのことを伝えようとしている。本書ではキャリアという言葉に経歴，戦歴，履歴など，過去指向ニュアンスのある訳語を使わない。組織と個人の関わり方の現状と将来への実務的前傾姿勢でこの本は一貫している。」

また，「第２部　キャリア・カウンセリングＱ＆Ａ」には，「産業社会における組織人のキャリア・カウンセリングの考え方，進め方について，著者達の知恵と経験を結集して，Ｑ＆Ａを試みた。というと勇ましいが，実はそうでもない。（中略）３人とも困っているような問題もでてきた。この際，（中略）困っているところを正直そのまま書こうと申し合わせた。３人の意見が合わない場合も，どこがどうあわないのか，そのまま書こうと申しわせた。組織人の，組織人のための，組織人による，キャリア・カウンセリングだからである。」とある。

推察するに，「キャリア」の定義について，「キャリア」は「仕事人生」か，「全人生」かの論議があり，小川氏と横山氏の解説を併記したようである。

小川氏の解説は，「キャリアには経歴，履歴の意味と職業の意味とがある。また，生涯という意味もある。（中略）本書では『キャリアを自己実現に向けられた生涯を通しての職業，仕事』と考えている。仕事はライフ・ワークという使い方に示されるように生涯をかけて自分自身を関与させる（コミットメント）ものという含意があるし，プロフェッショナルという言い方に示されるようにある職業や技術・技能を選び取るという含意もある。したがって，キャリアの概念には，人が仕事，職業に向き合う向き合い方の中に，選択と関与というその人の主体としてのありようが含まれている。この主体のありようは，後掲載の横山の『問題意識』に相当する。キャリアは辞典的な概念規定の難しい言業であると思われる。むしろ，辞典的に定義するより，各人が“自分の”キャリア概念として内面化できた方がよいのではないだろう本書の全体を通じそのような概念化に役立つことが本書の目的でもある。」

一方，横山氏の解説は，「キャリアという言葉はいろいろな意味で使われるが，私（横山）自身は『職業または仕事を持つ人の，自分の職業生活（OCCUPATIONALLIFE），または，自分の仕事人生（WORKLIFE）についての価値観（VALUE・GOAL），およびその展開（PROCESS・STYLE）に関する問題意識』と考えている。学歴や所定の試験に合格することのみによって，その後の進路やゴールの大方が自動的，他律的に決まっていく（ことを期待し／期待させる）ような“キャリア”に，どのような問題意識を伴いえようか。とはいえ，自分にとっての職業生活，仕事人生とは何か，何が大事かということ，そしてその現実化をどう進めればよいかが不明，不確実な状態にある人は少なくない。しかし，自らの職業的専門性（ジェネラリストを含む）の深さ，広さを自ら問い続ける限り，またはその職能分野の再選択を模索し続ける限りは，そのキャリアは生き続ける。そして，これらの生きたキャリアはその正当性を，他（たとえば社会，または会社）からも問われ続けることになるだろう。これが「キャリア」の姿であろう。仕事をする人の大多数は何らかの形の組織集団に属しており，職業人，仕事人は組織人とほぼ同義語となる。少なくとも，本書でのキャリアは『組織人のキャリア』を意味し，個人としての組織人が自らのキャリアを考え，それを組織に表明，要請する方向と，組織が個人のキャリアを考え，要請する方向，この双方向の認識を組織人のキャリアを考える基本的なスタンスとする。」

第3章「いま，なぜキャリア・カウンセリングか」の執筆は小川氏が担当している。小川氏は，D・スーパーの「ライフサイクル」の概念を導入し，「キャリア・カウンセリングはキャリアの課題の対処に向けられたライフスタイルの再構成のために生ずる心理的な危機の過程に対する援助である。キャリア・カウンセリングにおける共感的な理解と支持の援助の中で，人は自分というリソースへの洞察を深め，課題に対する現実的で合理的な診断能力を高め，そのことを通してより効果的な対処方法を見出す方法を学ぶことができる。キャリア・ディベロップメント・システムは，キャリア・カウンセリングをそのサブシステムとして持つことによって，発達的，開発的な援助の機能を内在させたシステムへと展開させることができる。」と述べている。

このような記述から，横山氏と小川氏の見解の相違があるが，お互いの意見を尊重している（アサーティブな関係である）ことがわかる。

（9）エドガー・シャイン博士の「内的キャリア」と「キャリア・アンカー」

カウンセリングや心理学を専攻してきた筆者が考える横山氏のCDP & CDWの最大の功績は，E・H・シャイン博士の「内的キャリア」と「キャリア・アンカー」の概念を日本に導入し，「キャリア開発」のベースにしたことではないかと考えている。

米国では，ドナルド・スーパー（Donald Edwin Super（1910年～1994年））が，職業発達の過程は本来的に自己概念の発達や実行であるとするキャリア発達論を提唱した。「Life Career」を自己発達の全体（Life Span）の中で，労働への個人の関与として表現される職業と人生の他の役割（Life role）の連鎖として，ライフキャリアレインボーの図を作成した。また，E.H. シャイン博士は「キャリア」を「生涯を通じての人間の生き方・表現」としている。

職業選択理論や職業ガイダンス理論は，職業を（自己とは別の）選択の対象（object），人は職業を演じる人（actor）であると考える。キャリア発達理論は，「Career（人生）」を生きる行為の主体者（agent）として捉え，その心理的発達に焦点をあてる理論であり，その後米国では「Career」の心理的プロセスへのアプローチが進展したと推定される（小澤，2019）。

日本では，「Career」が「職業」と訳され，職業選択や職業ガイダンスの考えが一般的であった状況で，横山さんが「キャリア開発」「個人主導の CDP」を構築するにあたり，E・H・シャイン博士の「内的キャリアとキャリア・アンカー」を取り入れたことは先見の明があったと考える。

筆者が考えるに，「内的キャリア」は，個人や文化によって異なる意味価値であり，理解&表現することが難しい。また，内的キャリアを理解するには，個人の内省化が必要であり，支援するにはカウンセリング・アプローチが必要となる。

E・H・シャイン博士の「キャリア・アンカー」は，質問紙によって「内的キャリア」は可視化することができる。内的キャリアを自覚し仕事とのマッチングを考えるには非常に有用なツールである。

この「内的キャリア」「外的キャリア」に類似する概念として，マーク・サビカス博士は，「客観的キャリア」と「主観的キャリア」を提唱し，社会構造や雇用システムが大きく変動する時代では，アイデンティティワーク（再構成）が必要であるとしている。

Column

E・H・シャイン博士

E・H・シャイン博士（Edgar Henry Schein（1928年~2023年））は，アメリカ合衆国の心理学者でマサチューセッツ工科大学（MIT）にて，組織開発（Organizational Development：OD），キャリア開発，組織文化の分野で活躍し，「キャリア・アンカー」「プロセスコンサルテーション」「ジョブ・ロール・プランニング」などの理論を提唱した。MITではXY理論で有名なダグラス・マグレガーと研究活動を行い，National Training Laboratories, NTL Instituteを設立し，Tグループ・感受性訓練にも関与している。

E・H・シャイン博士の講演記録（NPO法人JCC，2007）から

E・H・シャイン博士は，「外的キャリアがどの段階であろうとも，誰もが自分の仕事人生の中で進んでいく方向やそこにおける自分の役割に対する主観的な感覚，内的キャリア」を持っているとし，個人が外的キャリアを経てゆく間に，その人の内面で何が起きているかを説明することができる概念として「内的キャリア」の概念を提唱した。内的キャリアの研究の結果，内的キャリアの中の何かが自分をある方向に引っ張るようなその人なりのストーリーを持っていることがわかった。

「キャリア・アンカー」を「自己像」（セルフイメージ）と定義した。それは，「コンピテンシー」「モチベーション」「バリュー」からなる自分自身の「像（ピクチャー）」を意味する。この像は「これが私です。これが私の得意なことです。これが私のやりたいことで，大切なことです」というように渾然一体となって溶け込んでいる。

「キャリア・アンカー」は経験の中から形成される経験の結晶であり，一度アンカーが定まると，それが，私達の指針となり，また制約にもなる。「キャリア・アンカー」は，8つのカテゴリーからなるが，社会の変化から，自分のライフワーク（仕事人生）を配偶者のワークライフや家族との要望とバランスさせることこそが，自分の内的キャリアとして意味があることことだと考える人たちが増えてきている。つまり，キャリアがすべてではないことということである。この「生活様式」のカテゴリーの人達がどんどん増えてきており，これは社会の性質が変わっていることを反映している。

「キャリア・アンカー」や「ジョブ・ロール・プランニング」といった概念が必要となる背景には，個人の欲求と組織の要望をマッチングさせる際のジレンマがあり，私たちが目指しているのは，個人と組織の間におけるマッチング・プロセスの改善であると述べている。

5 日本キャリア・カウンセリング研究会(JCC)発足の経緯

JCC は横山会長の理念を実現する社会的活動として出発した。前述の「キャリア・カウンセリング」の３つの源流の流れの中で，偶然の出会いから JCC が発足する。

（1）JCC 立ち上げの経緯

筆者の個人的な話になるが，筆者は，大学では電気工学を学び，自動車会社でエンジニアとして電装品の開発設計や実験業務に 10 年従事していた。在職途中から「物づくり」より「人を支援する」仕事をしたいと思い，入社 10 年目に退職し，東京学芸大学大学院，その後広島大学大学院博士後期課程に進学し臨床心理学やカウンセリング，リラクセーション等を学んだ。広島から東京へ戻り，日本産業カウンセラー協会（以下：JAICO）の初級産業カウンセラー養成講座を受講し，また厚生労働省技能検定中級産業カウンセラー資格を取得したことから，JAICO と縁ができ，JAICO 事務局への就職の勧誘があった。筆者は産業領域で仕事をしたい希望があったが，JAICO がどのような団体であるかわからず，当時筑波大学（茗荷谷）教授でキャリア・カウンセリングの第一人者であった木村周先生を尋ね，「集団就職で上京した人たちを支援することから始まった産業領域の唯一のカウンセラー団体であり，行くと良いよ」と後押しをされた。このアドバイスに従い JAICO にお世話になることにした。

元労働事務次官であった藤縄正勝氏が JAICO 会長に就任され，労働省の外郭団体の一員としての基盤づくりが始まった時期で，産業カウンセラー資格が労働省技能審査制度の認定を受け，会員が急増していた。JAICO事務所が民家から中退金ビル（港区浜松町）へ引っ越した時に，教育研修課・事業課課長代理として採用された。職員は数名で，資格試験業務や通信教育の立ち上げ，労働省受託事業「勤労青少年相談事業」（ハート・ナビゲーション）の立ち上げなど多様な業務を担当した。

担当した仕事の1つがJAICOの最初のパンフレット制作である。コンセプトの3本柱は「キャリア・カウンセリング」「能力開発」「メンタルヘルス」であった。藤縄会長から，「キャリア・カウンセリング」を推進するには，横山哲夫氏を呼ぶように言われ，JAICO主催の「キャリア・カウンセリング」講座に招聘したのが横山氏との最初の出会いであった。3本柱のコンセプトは現在に通じる先駆的なものであったが，当時の理事達から十分な理解が得られず，「キャリア・カウンセリング」の講習は半年ほどで開催中止することとなった。

「キャリア・カウンセリング」が重要であると思った筆者は，1996年2月の最後の「キャリア・カウンセリング」講座に参加した受講生に，キャリア・カウンセリングの勉強会を開催することを提案したところ25名の申込書があった。この申込書をもって横山氏に相談したことから，「キャリア・カウンセリング」の新たな学びの場を作ることとなった。その後，東京八重洲地下街にある「八重洲クラブ」に毎月集まり発足準備を重ねた。この準備会にはモービル石油時代から横山氏と盟友である今野能志氏が途中から参加した。

1996年8月10日お茶の水スクエア（東京千代田区）で，58名の有志で「日本キャリア・カウンセリング研究会（略称JCC)」を発足した。筆者は初代事務局長兼理事を務めた。

横山氏は1995年に「個人を活かし，組織をいかすキャリア・カウンセリング」を出版した直後であり，秋場氏の話からは，横山氏はJCCの立ち上げを楽しみにしていたと伺った。

この時期は，木村周先生が「キャリア・カウンセリング」講座を開発中であり，「キャリア・カウンセリング」の概念が専門家の中で普及し始めた時期である。

（2）NPO法人としての活動開始

1998年第2回JCC大会にて，理念・綱領を決定した。JCCの基本理念は「私たちJCC会員はワーキングライフ上のキャリア開発に関し，①内的キャリアを重視し，個人主導の意思決定上の支援をする。②個人と組織の新たな共生を追求する。③キャリア・カウンセリングの研究・普及・教育などの活動を通じ，個人・組織・社会の変革をファシリテート（促進）する」である。同時に，倫理綱領も決定された。また1998年，特定非営利活動促進法が施行されたことから，JCCはNPO法人を目指すことが決定された。

2000年，特定非営利活動法人（NPO）として東京都より認定される。

2002年，大会決議により，プロジェクト型組織運営へ移行し，JCCの活動基盤がこの時期に整った。

（3）雇用・能力開発機構主催キャリア・コンサルタント養成講座への講師派遣

2001年に厚生労働省は，「第7次職業能力開発基本計画」にて，キャリア・コンサルタントの養成を推進することを決定した。木村周先生は，ペガサスハウス（静岡県伊東市）で開催したCDWに調査のため参加された。その際，JCCの活動がキャリアコンサルタント養成事業に適切であると判断され，2003年キャリアコンサルタント5万人養成計画のうち，雇用・能力開発機構が実施するキャリア・コンサルタント養成講座のグループ学習の講座をNPO-JCCが担当することになった。

その後5年間にわたり全国に講師を派遣することになった。5年の講師派遣が終了した後も，フォローアップ講座として「内的キャリアと積極的傾聴」の講座を開催し2年間全国に講師を派遣した。

この期間で，「キャリア開発」や「キャリア・カウンセリング」「内的キャリア」「キャリア・アンカー」の考えが全国に普及することに貢献したといえる。

（4）今野能志2代目会長就任

2004年，今野能志氏が2代目会長に就任し，初代会長の横山氏は顧問に就任する。

この節目に，横山氏が開発したCDWの活動をNPO-JCCが引き継ぐことになった。

「本年8月，JCC会長任期を全うし，同会の顧問に就任する機会に，編著者（横山哲夫）は本編図の管理に関する責任，権限のすべてを日本キャリア・カウンセリング研究会に移譲したことを明らかにしておく。同研究会によるさらなる改善と体系化を期待する。」(横山，2004)

また，今野氏は，2005年「目標による管理MBO：目標管理を根本から見直す」（生産性出版）を出版した。この本で今野氏はモービル石油でのキャリア開発&マネジメントトレーニング担当経験やキャリアカウンセラーとしての他企業の教育・訓練の実践から「HRM，HRAの中核はMBOとキャリア開発である」とし，あるべきMBOについて解説している。JCCは2009年に「キャリア開発ワークショップ・CDW®」を商標登録した。

（5）設立10周年事業　E・H・シャイン博士講演会・シンポジウム主催開催

JCCの設立10周年を迎えるにあたり，E・H・シャイン博士を招聘することが決まり，2006年，E・H・シャイン博士講演会・シンポジウム主催（東京／大阪）を開催した。

テーマは「時代を拓くキャリア開発とキャリア・カウンセリング：内的キャリアの意味」である。

■東京会場：東京商工会議所４F東商ホール

■大阪会場：大阪YMCA国際文化センター

パネリストに，金井壽宏氏，渡邊三枝子氏，木村周氏，JCCから横山哲夫氏，今野能志氏が，司会を小澤が担当した。

E・H・シャイン博士と奥様，娘さんの３名を約２週間，日本観光（日光，東京，奈良，京都）を含む最高の「おもてなし」をした。米国からのフライト出発が１日遅れ，スケジュールに変更が生じた。スケジュールを回復すべく成田空港から東京駅に18時についたその足で，新幹線に乗り換え京都駅，そして奈良ホテルまで移動した。ついたのは夜23時頃であった。シャインご家族は大変お疲れであったと思う。幸いにも東京からの新幹線の中で横山氏はシャイン博士と長い時間交流を深めることができた。その中で，横山氏が「内的キャリア」にはINNER MOST（スピリチュアル）の領域があるとの考えをシャイン博士に話し，同意を得たことがうれしかったと話していたことを記憶している。

横山氏の内的キャリアは仕事人生でなく，人生を超えたスピリチュアル領域を意味していたことを知った。

（6）企業への CDW の提供

JCC では CDW を様々な企業に提供してきた。その代表例が株式会社日立製作所である。日立製作所では「人は自発的に取り組んだ時に大きな成果が出る」等の人間観を背景に，働きがいや生きがいといった個人にとっての「仕事の意味や意義・価値観」である「内的キャリア」を重視し，個人が自分の「内的キャリア」を理解するための支援として，2002 年から CDW をキャリア支援プログラムの中核として位置付けてきた。

日立製作所のキャリア開発施策の導入と展開には，当時，労政人事部主管上田敬氏がご尽力されたと伺っている。今回，キャリアエージェント部キャリアコンサルティンググループ部長代理の小寺亜美氏にインタビューを行い，伺ったお話と過去の資料から，日立製作所のキャリア開発施策の概要を紹介する。

小寺氏（2017）は，日立製作所のキャリア開発施策について，次のように述べている。

「日立製作所のキャリア開発は 2002 年より本格的に始まりましたが，その目的を一言でいうと，『個人の成長を組織の成長に結びつけてゆくこと』です。会社が求める成長もさることながら，その人本人の成長も大事な要素として加え，それらを両立することで個々人のキャリアの充実につなげようと考えています。また，当社ではキャリアを仕事人生と表現しています。自分の人生の中でのキャリアの充実には，ワーク・ライフ・バランスや心身の健康も含まれます。日立で働くことを，いかに本人のキャリアに統合していくかについて，1 人 1 人に実践してもらう形で展開しています。

当社のキャリア支援施策は，日々の仕事をキャリア開発の原点と捉え，職場における日々の仕事で，PLAN・DO・CHECK・ACTION を回していく中で成長していくことを基本にしています。

これについては，『GPM』という目標管理を踏襲したパフォーマンスマネジメントプログラムをグローバル共通で展開しています。具体的には，半年から1年で仕事のサイクルを見ていくもので，その際に事業目標と個人目標の連動性と上司のコーチングフィードバックを強化することで，パフォーマンスの最大化を目指していくものです。これにキャリア面談を連動させることで中長期的な視点を入れて持続的な成長を促す形です。

そして，それを下支えするものとして『キャリア開発支援プログラム（CDP)』があります。CDP については，各社員のキャリア発達課題やライフステージに対応した様々なプログラムを展開しています。ポイントは，自分のキャリアは自分で決めて自分で引き受ける（自己決定・自己責任）ということ。個人の自立・自律をテーマに，その前提となる自己理解を深められるような形でサポートすることをプログラムの柱に据えています。

その枠組みの中で行う中心的なプログラムがキャリア開発ワークショップ（CDW）です。主任任用時に，自己理解を深めながら将来的なキャリア・プランを考えていくということで，1泊2日の時間をとって実施しており，現在，年間約 1,000 人が参加しています。」

図3に「日立製作所のキャリア開発施策」，図4に「キャリア開発支援プログラム（CDP）の全体像」を示す。

図３：日立製作所のキャリア開発施策

出典：(独立行政法人労働政策研究・研修機構　労働政策フォーラム 2017 年 2月３日事例「日立製作所のキャリア開発支援施策概要」の配布資料「日立製作所のキャリア開発支援施策概要」

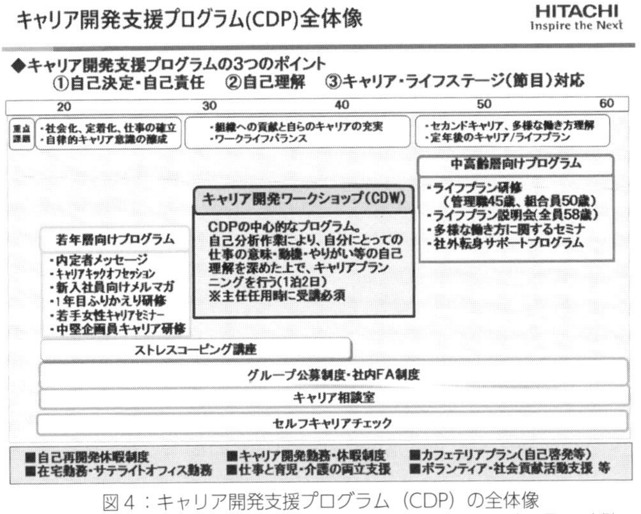

図４：キャリア開発支援プログラム（CDP）の全体像

出典：(独立行政法人労働政策研究・研修機構　労働政策フォーラム 2017 年 2月３日事例「日立製作所のキャリア開発支援施策概要」の配布資料「日立製作所のキャリア開発支援施策概要」

ユーコープ事業連合とは異なり，日立製作所は約3万人規模の大きな組織であり，また社会の変化に応じた総合的なキャリア開発施策が求められる。

職場におけるキャリア開発施策は，上長と部下の目標管理制度のキャリア面談が基本となっている。それを支えるキャリア開発支援プログラム（CDP）を時代のニーズに応じた総合的な施策として発展させてきたとのことである。そのCDPのコアプログラムとしてCDWを位置付け，主任層に20年以上実施してきたとの説明であった。

筆者は小寺氏に，CDPのコアプログラムとしてCDWを20年間実施してこれたのは何故かと質問してみた。

小寺氏は，「この20年間でCDWの受講者は1万5千人を超えた。これはどういうことなんだろうと自分に問いかけた。私がそこに帰結した言葉は『社員に対する圧倒的な信頼感』，それに尽きると思った。1人1人に自分らしくどう生きてゆくか，どう働いていくか，自分のことを考える機会を提供する，それはお金をかけて投資するということですが，そのことで必ずや人は自分の持ち味を生かし，力を発揮する。それって，結果的に，会社の為になるだろうし，社会のためになるだろう……といった人々の信頼感が言葉になったと腑に落ちた時があった。自分のことを考える機会を提供すると，人は自ら動き出す。社員はそういう存在であるという確信がある。また，これまで20年間，CDWを通じて社員に自分を大切にすることを伝え続けてきたことは，日立製作所が人を大切にする会社であることを，社員に直接伝えてきたことだとも思う」と話してくださった。

筆者は話を伺って，小寺氏の人への信頼感が20年間ぶれなかったのは，小寺氏の人間観によるものであり，それは会社の同僚や上層部にも伝わっていただろうし，小寺氏に20年間CDWを続けさせた経営幹部の人間観はきっと横山氏に通じるものであろうと感じた。

また，日立製作所の管理職のほとんどがキャリア開発を理解していることは，日立製作所の未来を切り拓く資産となっているように感じた。

（7）はたかちプロジェクトの活動

「はたかちプロジェクト」とは，内的キャリアを支援するツール，「『はたかち』®【かたちは】カード」を使用したカードソート技法を用いて自己探索し，さらにグループワークによって深めていく活動である。「はたかちフレンズ会」はカードの使用方法に留まらず，キャリアやキャリア開発について学習する活動である。

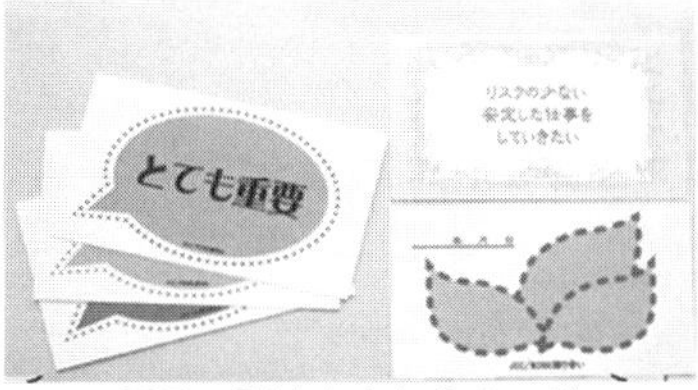

図5：「はたかち」® カード

2012年，プロジェクト活動の一環として開発した内的キャリアを支援するカードツール，「はたかち」® を商標登録する。

（8）キャリアコンサルタント養成講座への支援

NPO法人であるJCCは，多様な機関にキャリア開発と理念やツールを提供してきた。

（株）テクノファは，平林良会長がISO9001などのマネジメントシステム規格の認証制度を日本に導入し発展した会社である。平林会長は，会社（組織）が活性化するには，人間の質保証も大切と考えて横山氏の考えに共感しコンタクトを取ったようである。

その後，今野氏が同社のキャリア・コンサルタント養成講座の立ち上げに協力し 2004 年に養成講座がスタートした。（株）テクノファ開催のキャリア・コンサルタント養成講座は，将来プロのキャリア・カウンセラーとして活躍できるよう CDW，カウンセリング訓練（スーパービジョン含），アサーション訓練が組み込まれた独自のプログラムであり，現在も踏襲されている。

（9）「日本キャリア開発研究センター（略称：JICD）」設立

日本において，キャリア開発とキャリア・カウンセリングの理解・普及が進展しない現状を打破すべく，先進的な取り組みを柔軟に取り組むための団体として 2010 年に「日本キャリア開発研究センター（Japanese Institute of Career Development：JICD）」が設立された。設立時のメンバーは，代表：平木典子，顧問：横山哲夫，理事：平木典子，今野能志，八巻甲一，内田桃人，小澤康司，事務局長：小澤康司，会計監査：内田純平である。

JCC の理念とメンバーが重なる組織であるが，JICD は非会員組織・非営利で，社会変化を牽引すべく先駆的取り組みを実施する目的で設立された。

JICD の理念は，①個人の自立性，主体性，内的キャリアを尊重したキャリア開発を行う。②内的キャリアを尊重する個人と組織の新たな共生を目指す。③不確実な社会において，個人が尊重される社会システムの形成を促進する。である。

JICD の事業として大学院レベルのキャリア・カウンセリングが学べる講座（２年間コース）を開講し，「キャリア開発カウンセラー」の養成や国際交流事業としてサニーハンセン博士の「統合的ライフプランニング（ILP）」の紹介，マーク・サビカス氏「ライフデザインアプローチ」の翻訳出版，国重浩氏のナラティブ・アプローチの講座等の開催の他，時代をリードする活動を行っている。

(10) 事業部型組織体制への移行

2014年2月，今野能志会長ご逝去のため，小澤が3代目会長に就任した。

NPO法人としての社会貢献活動に注力すべく，「プロジェクト型組織運営」を終了し，新たに「事業部型組織体制」を開始した。更なる組織活動の活性化を目指し，2018年，JCC事務所を渋谷区広尾から，文京区湯島に移転した。湯島事務所は対面での研修や交流の活性化のための約45名の研修室を備えた充実した設備であった。

また，国家資格キャリアコンサルタント更新講習（技能講習）の指定を取得する。

2019年6月，JCC初代会長横山哲夫氏がご逝去される。同年，横山氏の長年の社会貢献が評価され一般社団法人日本産業カウンセリング学会「学会賞」を横山哲夫氏が受賞された。

2020年，新型コロナ感染症の拡大により，対面での研修の実施が困難となり，オンラインを主軸とした講習等にシフトする。

2022年，事務局のダウンサイジングのため，新事務局を新宿区富久町に移転した。同年，21世紀以降に世界で開発された新たなキャリア理論とモデルを日本に紹介するため，「実践アイデア現場で使えるキャリア理論とモデル（選択章訳)」を翻訳出版（金子書房）する。

その後，JCCでは17の事業プロジェクトを運営している。

（11）JCCの今後の発展

JCCの発展を３つの源流から探ってみると，日本における「キャリア・カウンセリング」の概念も変遷・発展してきたことが理解できる。JCCは設立理念である「内的キャリアを重視したキャリア開発&キャリア・カウンセリングの普及・発展」を今後も探究していく所存である。

VUCAワークドといわれる社会変化の中で働き方も多様化する中，これから働こうとする人達のキャリア教育を含め，個人の全人生のキャリア開発支援を視野にいれることが必要と考える。

JCCは横山氏の人間尊重の哲学を基盤とする組織的なキャリア開発モデルから発展した経緯があり，基本理念である「内的キャリア」と「組織と個人の新たな共生」を重視する方針に変わりはない。

従来,「組織」は社会・文化の中に組織制度というシステムを構築し,個人は組織に適合することで組織を通じてキャリア形成を行ってきた。パラダイムが変化する時代においては，社会文化や企業文化，組織構造の変遷が余儀なくされ,個人の変革が否応なく求められる。そのような変化を仮定すると〈組織と個人のあらたな共生〉から〈社会・文化・組織のシステムと個人のあらたな共生〉へ視座を転換することの検討が必要といえる。

「内的キャリア」は，人生の生きる意味・価値であり，その理解の仕方や在り方,支援方法も多様になってきている。

近年,成長過程で形成されたIdentity（内的キャリア）を再構成し，人生をデザインするなど新たなアプローチが提唱されるが，その支援には内省化を促進するキャリア・カウンセリングが重要である。

しかし，日本にはカウンセリングを学べる場が少ない状況にあり，実践力のあるキャリア・カウンセラーの養成も重要課題といえる。

平木先生が「キャリア・カウンセリングは小学校から始めなければならない。自分が生涯どう生きるかを考えなければならない。」と述べているが，現在の学校教育は学力（偏差値）主導であり , キャリア教育も導入されているが , 内的キャリア（自己の生きる意味・価値等）を踏まえた生涯を考える教育が実施されているとは言い難い。次世代へのキャリア形成支援の在り方も重要な課題といえる。

まだまだ，外的キャリア支援が重要視される日本社会においてJCC の果たす役割と意義が存在すると確信し，発展を続けてゆく。

【参考文献】

平木典子（2020）『キャリア・カウンセリングの歴史－そしてライフデザイン・カウンセリングへの移行－』『ライフデザイン・カウンセリングの入門から実践へ：社会構成主義時代のキャリア・カウンセリング』遠見書房

平木典子（2023）『シンリンラボ　第8号』（2023 年 11 月号）日本アサーション協会　https://shinrinlab.com/koushin08/

平木典子（2021）『三訂版 アサーション・トレーニング：さわやかな〈自己表現〉のために』日本・精神技術研究所

日本・精神技術研究所（1995）『フォーカシング事始め』村瀬孝雄，日笠摩子，近田輝行，阿世賀浩一郎他著

日本・精神技術研究所（1977）『トランスクリプト 出会いへの道 －あるエンカウンター・グループの記録』翻訳：平木典子

日本・精神技術研究所（2010）『日精研の 40 年』内田純平著　部外秘

木村周・下村英雄（2022）『6 訂版　キャリアコンサルティング理論と実際：専門家としてのアイデンティティを求めて』（一社）雇用問題研究会

横山哲夫（1969）『人事部ただいま 13 名－ライン人事管理の実践』日本経営出版会

横山哲夫（1988）『多様・異質・異能が組織を伸ばす　個立の時代の人材育成』生産性出版

横山哲夫，小川信男，呉守夫（1995）『個人を活かし組織を活かす　キャリア・カウンセリング』生産性出版

横山哲夫（2002）『キャリア開発／キャリア・カウンセリング　実践個人と組織の共生を目指して』横山哲夫編著　今野能志，小野田博之，上田敬，小川信男，八巻甲一著，生産性出版

NPO 法人　日本キャリア・カウンセリング研究会（JCC）（2006）『新版 事例キャリアカウンセリング：個の人材開発実践ガイド』小川信男・今野能志・八巻甲一・横山哲夫著

NPO 法人　日本キャリア・カウンセリング研究会（JCC）（2007）『時代を拓くキャリア開発とキャリア・カウンセリング　－内的キャリアの意味：E・H・シャイン博士　講演会＆シンポジウム〈対訳〉』特定非営利活動法人　日本キャリア・カウンセリング研究会

小寺亜美（2012）キャリア形成支援企業表彰『㈱日立製作所 「内的キャリア」の重視と「目標による管理・キャリア開発支援プログラムの連動」による個と組織の成長』労働政策研究・研修機構

小寺亜美（2017）事例 4『日立製作所のキャリア開発支援施策の概要』 第 89 回労働政策フォーラム『新時代のキャリアコンサルタント－その使命と責務－』独立行政法人労働政策研究・研修機構

今野能志（2005）『目標による監理 MBO：目標管理を根本から見直す』生産性出版

小澤康司（2019）キャリアカウンセリング『キーワードコレクション　カウンセリング心理学：カウンセラーをめざす人，カウンセリングに携わるすべての人へ！』平木典子・藤田博康編，新曜社

サビカス M・L（2015）『サビカス　キャリアカウンセリング理論：「自己構成によるライフデザインアプローチ」』 福村出版

Wesley P. Lloyd 他（1953）『学生助育総論：大学における新しい学生厚生補導』文部省大学学術局学生課編

第2部
日本のキャリアカウンセリングの歴史

第4章
労働分野のキャリアカウンセリングの歴史

下村英雄

1 戦前の「人事相談」

労働分野のキャリアカウンセリングの歴史をどこまで遡ることができるだろうか。

学校の職業指導と職業安定機関における職業相談を除いて，会社や工場等で働く普通の労働者を対象とした相談（カウンセリング）を企業内・組織内で行った取り組みを，ここでは便宜的に「労働分野のキャリアカウンセリング」とする。その場合，現在，確実に調べが付く範囲で最も古いのは，伊東（1966）等に記載がある八幡製鉄所の人事相談に関する記録である。

> 八幡製鉄所は，大正7年に「八幡市を目あてに引きも切らずに集まってくる多くの勤労者たちが，悪らつな周旋業者の常とう手段にかかり，同情すべき境遇に陥るものが少なくなかったので，これらを救済」するために，「八幡駅前の民家を借り入れ」「牧師出身者一名」を相談役として常置した（伊東，1966，pp.201-202）。

石垣（1962）ではより詳しく，①九州の八幡製鉄所が「人事相談」を始めたのは大正7（1918）年の7月であること，②当時，北九州は好景気の渦中にあったこと，③「職業を紹介するとともに，簡単な一身上の相談に応じる」ものだったことを示している。

また，石垣は，大正12（1923）年，東邦電力株式会社内の自治機関「親愛会」が「人事相談」を始めたことも書き記している。そして，①福岡と名古屋の2か所に相談室が置かれたこと，②担当者（駐在人事相談役）の名称が「幸福増進係主事」であることを記述している。

さらに，石垣は，1931 年，当時の逓信省所管東京中央電信局の職員親睦機関である「中電会」が，「人事相談」制度を設けたことも書き残している。親睦会であるため，会員相互扶助が目的の１つであり，次のような相談内容を取り扱ったことを記述している。

職務，勉学，修養，意思疎通，交友，自己の風評，住居，家事および生計，家族の内職，教育，保育衛生，医療，救済，債権債務，婚姻および縁組，納税，兵事，戸籍，保険および貯金，その他人事厚生，などに関すること。実際は大半が金融関係だったそうである（石垣，1962，pp.14-15）。

この東京中央電信局の具体的な相談のしくみも，石垣は記述している。すなわち，①各部署の課長７～８名が人事相談委員として任命された，②１名の部長が人事相談部長として総括した，③相談室は常に無人で電話機だけがあり，電話が鳴ると隣の庶務課の課員が応対し，どの相談役に相談したいかを聞く，④選ばれた相談役はすぐに応じるが，後日の日時を指定することもある。

おおむね，これらの取り組みが，現時点で遡れる範囲での相談の始まり，したがって日本の労働分野におけるキャリアカウンセリングの歴史の始まりと言えるだろう。

2　1950年代の「産業人事相談」

（1）産業人事相談のはじまり

戦前の人事相談を前史として，戦後1950年代までは，引き続き「人事相談」か，あるいは「産業人事相談」「職業人事相談」等の名称で，労働分野の相談の取り組みが書き残されている。

例えば，藤本（1959）は，日本における産業人事相談の始まりについて，「紹介されたのは戦後あまり年月をへないころでしたが，じっさいに活用されるようになったのは，昭和29年ごろからでした」（藤本，1959，pp.233-234）と述べる。そして，現在よく知られているとおり，専任のカウンセラーを任命して本格的な活動を最も早く始めた組織・企業として，「日本電信電話公社の神戸中央電話局，大阪中央電報局，国際電信電話株式会社」を挙げている。

伊東（1966）は，これらの取り組みを少し詳しく記述している。

> すなわち日本電電公社においては，昭和29年10月，暫定試行という形で，近畿電気通信局に人事相談制度を採用した。その「実施要項」には，この制度の要旨，人事相談役の性格，職務，その選任と訓練などに関して，かなり細部にわたって述べられており，「実施細目」も附け加えられている。
>
> 日本電電公社におけるこの試みは，わが国における近代的な産業カウンセリングの歴史的第一歩として特筆されるべきものであろう。
>
> 電電公社は，その後昭和32年に，全国18か所にこの制度を拡大し，昭和37年には本実施に踏みきり，人事相談役の定員も34名に増員された。

やがて昭和 31 年には，国際電電が東京本社に人事相談室を設け，２年後には，同社大阪支社もその例にならった。
さらに松下電器産業もまた，昭和 32 年 12 月に相談役を設け，その後増員による強化をはかり，現在では関西に８名，東京に１名，計９名のカウンセラーを擁し，日本電電公社に次ぐ充実を示している。
昭和 32 年には，その他に東京の明電舎と神戸製鋼所にも人事相談役がおかれた（伊東，1966，p.203）。

これらの取り組みが，当時，「産業カウンセリング」ではなく「産業人事相談」と呼ばれていた理由は，まだ「カウンセリング」という言葉が根付いていなかったためである。例えば，杉谷（1989）は，伊東博が 1952 年に「カウンセリング」と名のつく本としては最も古い『カウンセリング』（東洋書館）を発刊した際のエピソードを書き残している。

（出版したところ）間もなく出版社には，本屋さんからの問い合わせが殺到し，「どこに棚上げしたらよろしいでしょうか？」という電話があとを絶たなかったという。この頃「カウンセリング」という言葉は，ごく一部の人々を除きまさに「お料理の本でしょうか？　ダンスの本でしょうか？」というくらいの認識であったという（杉谷，1989，p.77）。

では，産業人事相談は当時どのように説明されていただろうか。現在，「産業人事相談」の語句を用いた文献のうち閲覧できた範囲で最も古くまで遡ることができたのは，藤本（1952）である。「産業人事相談」に関する貴重な記述なので，やや長く引用する。

産業人事相談では，一つの企業間で働く労働者が，個人的にもっているいろいろの問題ーそれは自分の健康に関することもあり，恋愛その他の精神的なこともあり，家族との折合のこともあり，悪友のさそいを斥け切れないという問題の場合もあるーについて，相談にのってやり，解決のいと口を示唆してやる。それらの問題の本質について，労働者自身がはっきりと自覚している場合もあるし，全く意識しないで何だかイライラすると訴える場合もある。後者の場合には，相談の進行中に，イライラの原因を探りあてて，本人に提示して見せてやることもある。同僚との関係のこともあり，上司との折合のこともある。総じて，労働者個人がもっている個々の問題，しかも案外些細な問題が，かれの労働生活，工場作業そのものを妨げて，能率をおとしたり，退職の止むなきに至らせたりするのを，解決する助けをしようとする活動である（藤本，1952，pp.37-38）。

（※引用にあたって旧字体を新字体にした。以下，本章の引用箇所では同じ）

また，一般向けに書かれた藤本（1959）では，産業人事相談を以下のとおり明記している。

産業人事相談とは，個人について，またはグループについて，なんらかの問題の発生を防ぎ，解決し，または改善することを目的として，職業生活に関する計画や職場への適応と結びついて与えられるところの，特別のサービスである（藤本，1959，p.233）。

（2）産業人事相談とホーソン研究

ただし，藤本は，産業人事相談をこのような活動として捉えた場合，「わが国の諸企業で戦前多少とも労務管理の経験をもった人は，ほとんど必ず『そんな活動ならば，我々はすでにとっくの昔からやって来た』というに違いない」（藤本，1952，p.38）と述べる。冒頭の八幡製鉄所等の人事相談に限らず，「身の上相談の係や寄宿舎の世話係」「労務係や現場の監督者」が労働者の相談に乗った例はたくさんあったからである。

この点について，藤本は，取り扱う問題そのものは，産業人事相談とそれ以前の身の上相談で変わらないが，それを扱う立場，態度，文脈，また，問題を取扱う方法，テクニックが，旧来のものと大いに違うと述べる（藤本，1952）。

何が違うのか。この時代，産業人事相談の論拠・根拠，理論的なバックボーンとなっていたのは，1920 年代に行われたホーソン研究である。このホーソン研究に依拠しているか否かで，戦前の単なる人事相談＝身の上相談と戦後の産業人事相談は大きく異なる。

ホーソン研究はメイヨーがシカゴのウエスタン・エレクトリック社のホーソン工場で行った複数の実験の総称である。当初，照明などの物理的な環境条件が生産性に与える影響を検討しようとした。しかし，実験を重ねるにつれて，物理的な環境条件よりもインフォーマルな集団や人間関係の方が重要であることが分かった。そこで，この研究の一環として従業員に対する面接実験（カウンセリング）が行われ，それが一定の成果を収めた。ホーソン研究のカウンセリング活動は，1950 年代には既によく知られた方法となっていたのである。

産業人事相談の理論的根拠がホーソン研究であることは，石垣（1962）に詳しい。石垣は国際電信電話株式会社の相談担当者であるが，その相談制度を立ち上げるにあたり，先行して相談制度を設けていた日本電信電話公社に話を聞きにいった。その際，日本電信電話公社からもらった資料を書き残している。そこにはホーソン研究の目覚ましい成果が引用されている。

本制度（人事相談制度：引用者注）はウェスタン・エレクトリック・ホーソン工場におけるハーバード大学の実験以来，すでに実施せられ成果を挙げつつあると聞くが，人事相談役をラインとは別に設置し，制度的にこれを採り上げることは，何分にもわが国では始めての試みであり，現在の公社機構の下において何等の支障なくこれを円滑に遂行し所期の目的を達成するためには，可成りの困難が予想せられるが，科学的人事管理と併行してヒューマン・リレーションの改善を図ることは，社会心理学的人事管理の一方法として労務管理上不可欠と確信し，従業員インタビュー，家庭新聞の発行に加え，ここに新に左記要旨に基ずき本制度の実験的試行を図ることとする（石垣，1962，p.16）。

（※原文ママ。現在の用字法では誤字に見える箇所も原典どおり引用した。以下，本章の引用箇所では同じ）

また，藤本（1952）と同じくらい古いものとして，戦前戦後の学校進路指導で大きな役割を果たした淡路円治郎が 1952 年に書いた文献でも，ホーソン研究と産業人事相談が併記されている。

産業相談 Industrial Counseling の試みは比較的に新しく，ウェスターン・エレクトリックのホーソン工場で，1932 年に行われたのが最初である。しかし，これが一般の注目を惹き，盛に実施されるようになったのは，アメリカでも最近十年来のことである。わが国では，漸く昨年から一二の会社で研究をはじめたばかりである（淡路，1952，p.72）。

藤本は，こうした戦前の身の上相談との違いをふまえた上で，ホーソン研究を根拠とした戦後の産業人事相談は，労働者の福利厚生のために個人の悩み事，困り事に対応するだけではなく，これを会社の経営上の観点から，労務管理の「本筋のしごとの一つ」として考える点が異なると述べている。

> 労働者個人の抱く諸事情，諸問題の解決に助力することは，その個人にとっての救いであることは勿論であるが，それがそのまま経営の改善に大いに貢献することに，注目された。すなわち，旧来のように，労働者のための福利厚生の施設として産業人事相談を行うのではなくて，会社の経営上の必要性に立脚して，労務管理の本筋のしごとの一つとして，取り上げようとするものである（藤本，1952，pp.38-39）。

藤本は，産業人事相談に，単なる身の上相談を超えた企業の経営に資する役割を見て取っていた。ホーソン研究に端を発する人間関係論が，当時の産業界に与えた影響の大きさをよく知っていたが故に，経営面へのメリットを強調したのだと推察される。

（3）1950年代の「産業人事相談」の特徴

産業人事相談は，ホーソン研究から具体的にどのような影響を受けたのだろうか。この時期の「産業人事相談」が強調したポイントは，大きく３つに集約できる。

第１に，産業人事相談は，非誘導的，非指示的な相談であることが強調された。これは，ホーソン研究の面接実験がそもそもそうした手法を用いて成果を挙げたことによる。藤本は，ホーソン研究における「非誘導的」なテクニックを以下のように述べる。

> 産業人事相談では，「非誘導的」なテクニックを主流としている。前述のホーソン工場の実験において，1932年から面接係（Interviewer）を置いて，従業員の態度調査をした結果，誘導的なテクニックでは，物事の真相がつかめないことを悟った。そこで，かれらは，「非誘導的」なテクニックをとるに至った。主として労働者をして，自由に，問題を語らせ，彼がもつ問題を正しくありのままに「理解」すること「診断」することに主点をおくのである（藤本，1952，p.39）。

これはホーソン研究を下敷きにしているということは，石垣も述べている。

> 米国のホーソン工場が有名になったのは，“産業時代に見失われた「人間」を再び発見した”からだそうである。(中略）この実験に応じた従業員たちは，“働く者が「人間」である”ことと，“非指向的面接法”なる人事相談技術とを悟らしめた（石垣，1957，pp.21-22）。

その際，石垣は，産業（職場）人事相談における「理屈抜きで受容できる聞き上手」な人事相談員について以下のように述べている。

> ここに職場人事相談という鬱塞感情の浄化の“場”をつくる必要性がある。人間はだれでも“話せばわかる”ー木堂翁が用いた意味と違うがーすなわち話を進めるには，おのずと筋も考えねばならず，時に主客転倒も試みねばならず，結局普遍妥当な結論に自身を導くものである。もちろん，それに

は話し手の表現する情報を理屈抜きに受容できる聞き上手ないわゆる人事相談員という相手があってのことである（石垣，1957，p.21）。

上記引用中，「木堂翁」とは犬飼毅である。鬱塞《うっそく》した感情を浄化するためには，聞き上手の聞き手に話をする場が必要である。そうした感情の原因は「本人の性格や私的生活に存する場合があるにしても，職場にはまた直接に多くの要因をはらんでいる」（石垣，1957，p.21）のだから，つまり職場に原因があることが多いのだから，経営者は鬱屈した感情を浄化する職場人事相談制度を設けなければならないと，石垣は主張した。

第2に，非誘導的なテクニックと関連して，産業人事相談では人間関係を重視することも強調された。ホーソン研究の随一の知見である「ヒューマン・リレーション」に特に注意を払う。例えば，石垣は以下のとおり述べる。

人間関係改善策の一環として職場人事相談制度が必要であるという認識は，かなり識者の間に高まっている（石垣，1957，p.21）。

特に，石垣の場合，職場人事相談はあくまで「従業員の福祉のため」「人間愛」「アガペー」に立脚したものといった性格が強い。

職場人事相談はあくまで従業員の福祉のためである。いわば従業員の精神健康の保持ないし増進のためである。すなわち“人間愛”の観点に立脚したものでなければならないということが銘記されるであろう。
　わが国情に果たしてそのまま通用するか否か，疑問の余地はあるかも知れない。けれども経営者側にあっては，アガペーというか，慈悲というか，全く損得を超越しての施設と考えてこそ，真の「職場人事相談」の性格がにじみ出るものである，といえる（石垣，1957，p.22）。

第3に，産業人事相談では，人事相談担当者をラインとは別にすることが強調された。この点が強調された理由として，職場の監督者（上司）が相談相手では，利用者が「率直に打明けかねる事情があること」（石垣，1962，pp.16-17）が懸念された。それに加えて，当時，労働者を保護する法律が整備され，「労働者の権利が拡大すると共に，その義務も増大」（石垣，1962，p.17）したため，その理解が必要となった。その上で，「従業員の心配や煩悶が特殊の生活環境や病的素質に原因する場合も少なくない」（石垣，1962，p.17）ことも理由としてあった。すなわち，従業員が率直に打ち明けやすいことに加えて，様々な専門的な知識を必要とするために「専門家としての人事相談役」でなければならないと考えられたのである。

これは，石垣が「相談役と，ライン・オルガニゼーションとの関係は，指揮命令関係に立たないものと，レスリスバーガーもいっている」（石垣，1962，p.18）と記すとおり，メイヨーとともにホーソン研究を推進したレスリスバーガーが当時，主張していたことでもあった。それを踏まえて，石垣は，相談担当者は「自らは権限を持たず」「絶対に秘密を厳守して」相談に当たることを強調する。

直接業務に関する監督指導は現場管理者の責任であるが，相談役は側面より専門家として，特定の個人の取扱につき現場監督者に助力し，示唆し，提案する非命令的調整者として，自らは権限をもたず，また相談内容については，医師や弁護士と同様絶対に秘密を厳守して，側面から現場管理者の労務管理に対して知恵と力とを貸すのである（石垣，1962，p.17）。

他にも，淡路（1952）や後で取り上げる溝淵（1959）も，相談係は独立すべきであると述べている。この時代，後の時代と違って，相談担当者はラインの管理・監督者とは別にすべきだという論調がほとんどである。

以上，産業人事相談におけるホーソン研究の影響は，「①非誘導的，非指示的な相談であること」「②人間関係を重視すること」「③相談担当者をラインとは別にすること」に集約される。こうした理論的なバックボーンがあるか否かで，戦後の産業人事相談や戦前の身の上相談と区別されたのである。

（4）「産業人事相談」とケース・ワークとの関わり

1950年代の産業人事相談の具体的な姿に関する文献としては，溝淵富仁子の1959年発刊の書籍「産業人事相談の考え方と実際」が多くの情報を提供する。

溝淵富仁子は，当時，電電公社大阪中央電報局の人事相談役（＝人事相談担当者）である。興味深いのは，溝淵がカウンセラーからではなく，ケースワーカーからカウンセリングを学んだ点である。

溝淵は1955年に，当時，同志社大学でケースワーク講座の教鞭をとっていたドロシー・デッソーに，「『私の仕事は電電公社の職員の相談にのることです。方法を教えてください』と言い，師事する」（溝淵，1959，はしがき）。溝淵は，デッソーのもとで研究生となり，ケースワーク及びカウンセリングを学ぶ。

デッソーは，アメリカ進駐軍のソーシャルワーカーとして日本に訪れ，戦後20年にわたって同志社大学で教鞭をとり，日本に数多くの優れたケースワーカーを送り出した。デッソーは，溝淵の著作に前文を寄せており，そこで産業人事相談を「産業職域に行われるケースワーク専門技術」と端的に言った上で，次のように述べている。

> 産業人事相談は相手に説教したり命令するのでない。人々の生活に押し込んで根ほり葉ほり聞くのではない。上に立つ者の立場から下の者に押しつけるのでない。サービスを求める者にそれを与えることである。それは民主的過程であり，人間に対する熱意を持つとともに必要な知識をもそなえているゆえに助力を供給する能力をもった人が提供するサービスである（溝淵，1959，冒頭デッソー教授による序文）。

日本電信電話公社の大阪中央電報局で前任のカウンセラーがやめた際，溝淵はその後任として推薦される（溝渕，1959）。既に，溝淵がケースワークを学んでいたことも推薦された理由だった。

溝淵の著作では，人事相談制度にケースワーカーとして関わっている旨の記述が随所にみられる。

> （人事相談制度は）簡単にいえば，人事相談室において専門の訓練を受けた人が，個人の問題（不満・不調整・苦悩等）

の聞き手となって，その問題を分析し，ケースワーカーとしての解決や治療にあたる制度である（溝渕，1959，p.9）。

また，産業人事相談役の任務については，具体的に箇条書きで述べている。

（イ）人事相談役は来談者の問題解決に当り，ケースワークの面接技術にしたがって来談者を援助する
（ロ）相談内容の秘密を守ること
（ハ）相談役は社会資源を知り，これらを利用すること
（ニ）相談役は第三者的立場を守ること
（ホ）予防的手段をとること
（ヘ）従業員の環境改善につくすこと
（ト）P・R活動（溝渕，1959，pp.10-13）。

溝渕はケースワークの専門家からカウンセリングを学んだため，例えば，「リファー」やその前提となる組織間の連携なども当時から指摘している。

提出された問題が，相談役の知識にあまる場合は，社会資源を生かしてゆかねばならない。社会資源とは，経営体のそとにある社会的諸施設や専門家のことであって，病院，専門医師，法律家，教育者，社会福祉施設，民生委員等，いろいろの施設や人間をいうのであって，これらの所在や性格を相談役は知っていて，場合によってこれらの協力を求めるのである（溝渕，1959，pp.11-12）。

また，以下では現在で言う「組織に対するアドボカシー」を指摘していると解釈できる。

> 相談役は数多くの従業員の問題を扱っているうちに，職場に共通する特質の問題があることを発見し，それによってある種の問題については，予見することができるので，それによって予防的方法が講ぜられる（溝淵，1959，p.12）。

ケースワーカーからカウンセリングを学んだ溝淵にとって，「リファー」あるいは「アドボカシー」のようなことは，それが具体的な問題解決に資する限り，当然に行うべきことだったと言えよう。

> 問題によっては相談役は，従業員の職場配置を換えることにつくしたり（近眼の者の適当な配置転換等），経済的問題解決のためにつくしたり（借金や負債を整理するため援助資金をあっせんする等），施設（宿舎，厚生施設）との連絡をとり，問題の発生または悪化を防ぐため，その改善につくすことがある（溝淵，1959，p.13）。

この他，1950年代の産業人事相談とケースワーカーの関わりは，1955年に武沢信一・平井隆太郎・早坂泰次郎の翻訳で発刊された『職場のための人事相談』によっても示されている。原書は，ケースワーカーであるA・ギャレットによって1945年に書かれた「Counseling Methods for Personnel Workers」（人事担当者のためのカウンセリング技法）である。人事相談員とケースワーカーとの関連について，冒頭に以下のとおり記述されている。

人事相談員とケース・ワーカーとはこれまで長年の間共通の問題を扱って来た。ケース・ワーカーは被援護者が仕事への適応の点でトラブルをおこしている場合にはしばしば人事相談員に援助を求め，逆にまた人事相談員の方でも自分の工場の従業員が工場外でのトラブルをもっている場合にはケース・ワーカーの助力を要請することが多かったのである。このような実情であったにも拘らず方法論上の意見交換はつい最近に至るまで殆んど行われたことがなかった（武沢・平井・早坂，1955，原序１）。

人事相談を続けていくうちにそこで扱う問題がケース・ワーカーの問題とよく似ていることが明らかになってきた（武沢・平井・早坂，1955）。心理的な悩みもさることながら，経済的な問題，金銭面での問題，具体的には借金の問題など，困窮した生活面に関する悩み事の相談が多かったからである。

実際，後年，労働法令協会（1965）でも，「企業内相談はケースワーク的」と題して，以下のような説明を行っている。

産業カウンセリングには，どうしても，こうしたケースワーク的要素が強くなってくる。

それは各論における各社の実例を見ても明らかである。宿舎がないために悩んでいる従業員には宿舎をあっせんする。法律的知識がないために，つまらぬことでくよくよしている人には，法律的知識を与えてやる。これも一種の環境調整である。

だから[産業人事相談」という場合には，現実には，かなり幅の広い解釈をしなければならない。純粋な意味でカウンセリングをやっている会社もあれば，「よろず相談」のような形で広い意味のケースワークをやっている会社も多いのである（労働法令協会，1965，p.24）。

なお，産業人事相談がケースワーカーと接点があった別の理由として，パーソンズに端を発する職業カウンセリングは，当時，主に学校の職業指導や職業安定機関の職業相談として発展していたことが挙げられる。むしろ貧困者の救済や失業者対策など成人の支援を行っていたケース・ワーカーの方が，成人に対する相談としては進んでいた。産業人事相談の対象は会社に勤務する成人である。そのため，溝淵のように，成人を対象とする専門のカウンセリングをケースワーカーに学ぶというのは，当時，重要な選択肢の１つだったのである。

ただし，パーソンズや，その背後で実際の仕掛け人でもあったブルームフィールドは，自らの活動をカウンセリングや相談とは捉えていなかったと推測される。むしろ，自らをケース・ワーカーと捉えていただろう。ブルームフィールドはニューヨーク大学でソーシャルワークを学んだ若手の慈善事業家であったし，パーソンズのもとで職業局を手伝った一人であるフィリップ・デイビスも，もともとシカゴでソーシャルワークの先駆者であるジェーン・アダムズの下で働いていた若者である。また，パーソンズやブルームフィールドに資金提供したショウ夫人はキリスト教に基づく慈善事業家であった。パーソンズらの取り組みは，本来，ケースワーク的，ソーシャルワーク的な慈善活動に端を発していたのである。

今回，入手が困難で内容は確認できなかったが，日本でも，既に 1924 年に「ケースウォークとしての人事相談事業」という書籍が三好豊太郎によって書かれていた。国内外ともに，初期の段階では，成人を対象とした相談はケースワークと関わりが深かったと言えるだろう。

3 1960 年代の「産業カウンセリング」

（1）「産業人事相談」から「産業カウンセリング」へ

1950 年代にアメリカではカウンセリングが心理学の一部門として専門的な位置付けを獲得していった。1953 年にはアメリカ心理学会に「相談心理学部会」が設けられ，1954 年には専門の研究雑誌が発刊され，1955 年には，専門家としてのカウンセラーに公式の免許状が与えられることになった（杉溪，1963，p.24）。

あわせて，日本でも，産業界におけるカウンセリングの環境が整っていく。杉溪は以下のように記録している。

> 学会活動としては，昭和 36 年 4 月に日本応用心理学会に「相談部会」が設けられ，春秋二回研究大会を開いている。
>
> （中略）
>
> 産業界では，昭和 33 年秋頃から東京と大阪で産業カウンセラーのあつまりが発足し，いらい研究会をかさねてきたが，昭和 35 年 10 月に「日本産業カウンセラー協会」が結成され，カウンセリングの普及ならびに会員の資質向上，親睦を目的として活動をつづけている。
>
> その他の関連部門の動きとしては，日本ソーシャル・ワーカー協会がやはり昭和 35 年秋に出発しており，学生相談，教育相談，病院臨床などの分野でも，カウンセラーのあつまりがあってそれぞれ活発に動いている。
>
> また，つとにロジャースの紹介につとめられた友田不二男氏を中心とする財団法人カウンセリング・センター（昭和 34 年 3 月設立認可）の活動も，わが国のカウンセリングに発展に大きな寄与をなしている（杉溪，1963，p.28）。

昭和35年は1960年なので，1960年前後から産業界におけるカウンセリングが次第に普及していく様子がうかがえる。上記引用部分にある友田不二男などの紹介により，ロジャースなどのアメリカのカウンセリング理論が紹介される。国内の各地でカウンセリングの勉強会が開催される。産業人事相談にあたっていた人々も，そうした勉強会に参加し，カウンセリングを学んでいく。

こうして，ホーソン研究を理論的な基盤とした産業人事相談は，いよいよロジャースを背景とした産業カウンセリングへと移っていく。

（2）「産業人事相談」制度の実態調査

1960年代には，1950年代からの産業人事相談に関する振り返りが始まるのも特徴の1つである。杉溪（1963）は以下のように述べる。

> 人事相談制度がいまや一つの曲り角にきているかどうかは，見解によるであろうが，わが国の経営のあり方が反省期にはいっているといわれている今日，相談制度のあり方，相談室の運営法についても，企業の必要に応ずるよう，あらためて検討する時期にきているのではあるまいか（杉溪，1963，pp.275-276）。

そこで，1960年代には，いくつかの調査が行われた。まず，1960年に日本産業訓練協会が会員企業500社に調査を行った結果，相談制度のある企業は37社（7.4%）であった。

1962年に大阪大学教育心理学研究室が372社に調査票を配布，153社から回答を得た調査では，「あなたの会社では現在このような相談機関がありますか」に対して29社（19.0%）が「ある」と回答した。

1963年に与論科学協会が実施した調査では，1,190事業所に調査票を配布し174社が回答，そのうち11.5%にあたる20社が「従業員のための相談を行う特別の相談制度や相談施設」を「もっている」と回答した。

1967年の労働省婦人少年局の調査では，「貴社では従業員の利用できる個人的な相談（カウンセリング）の制度や施設をもうけておられますか」との質問に対して，「制度，施設をもっている」と回答した企業は151社で11.0%であった。

以上のとおり，大まかに言って，企業内の相談制度の普及率はおおむね1割前後である。こうした現状を見て，杉溪は，「このように人事相談制度は，産業界に徐々に浸透し，その実績もしだいにつみあげられてきたが，はたして今後も順調にのびていくかどうかについては，疑問がないわけではない（杉溪，1963, p.275)」と，産業人事相談に疑問を付す。

産業人事相談が，当初，期待されたほど大きく拡大することはなかった理由の1つは，一時取り組まれても，その後中止されるなど存廃が激しかったことがある。この点について，石垣（1962）では以下の記述がある。

> 第４乃至第６表を比較して面白いのは，第４表の９企業はあとの表に全然みえず，第５表の諸企業が第６表でも目に入るのは，わずかに日本電信電話公社，松下電器産業，明電舎の３企業に過ぎない。これは何を物語るのだろうか。読者とごいっしょに沈思黙考して，お互いがそたぞれ十分に味わえる酒の肴となりはしまいか。（石垣，1962，p.15　原文ママ）

石垣が何を言っているかを説明すると，第４表，第５表には先行して行われた調査で相談制度があると回答した企業名が書いてある。それが後続の調査で相談制度があると回答した企業名が書いてある第６表ではほとんど見当たらず，３企業しか残っていない。これを石垣はやや諧謔的な口調で「酒の肴」になると言っている。

ひとたび相談制度を取り入れた企業であっても一定期間が経つと廃止してしまい，後の調査で企業名が挙がらなくなる。石垣は，そこに相談制度の栄枯盛衰を見て，だからこそしみじみと考え，酒の肴とすべき事柄であると表現したのである。

（3）「カウンセリングの経営」の問題

こうした実態を受けて，杉溪（1963）は「カウンセリングの経営」の問題を指摘する。

> カウンセラーは，相談員であり，臨床家であるが，また同時に相談施設のマネージャーでもある。しかし，ややもすると多くのカウンセラーたちは，臨床活動により強い関心をしめして，経営活動は二のつぎになるような傾向がみうけられる。もちろんこれは個人差のあることで，著者の偏見もはいっていることと思うが，あえて繰り返すなら，カウンセリングを「微視的」にみることに力点がおかれるあまり，「巨視的」な見方が不足しているように思われるのである（杉溪，1963，pp.276-277）。

つまり，カウンセリングそのものに力点を置きすぎるあまりに，カウンセリングを運営する際の「経営活動」に着目する「巨視的」な見方が疎かになっていると指摘する。

同時期に，広瀬（1966）も産業人事相談が頭打ちになったことを指摘した。

> 日本の産業界に導入されて以来，すでに12年を経過しているのであって，いつまでも「歴史が浅い」ということばに，甘んじているわけにはいかないと思うのであるが，日本の産業界を全体的にみた時，この制度がも早や本当に定着したという感じは，私にはまだ持てないのである。といっても，悲観的に見ているということではない。
> 「非常な勢いでこの制度が普及するであろう」と予想した人びとが，はじめのころにはあった。また事実ある時期には，この制度が，かなり伸びたことも事実である。しかし最近ではその伸び方が，やや横ばいの状態ではないかと思われるのであるが，それを必ずしも悲観的に見ることは当たらないと思う（広瀬，1966，pp.188-189）。

広瀬は「産業人事相談」制度が当初予想されたほどには広がりを見せなかった理由について，「カウンセリングそのものに対する理解の不足」「個人に対する福祉はあとまわしになる」「好況・不況に左右される」「人材が得られない」「利用率の低さ」の５点を挙げた。

このうち「個人に対する福祉はあとまわしになる」「好況・不況に左右される」が，企業経営上の問題を述べたものである。企業は従業員全体の福利厚生面は考える。しかし，個々人の相談にまでは手が回らない。特に，好況時には相談室を整備したとしても，不況時には経費節約のために廃止される。

また，「利用率の低さ」については，広瀬は繰り返し「クライエントが少ない」ことを問題にしている。カウンセリング利用にあたっての心理的抵抗があり，社会一般の理解が高まる必要があると述べている。特に，「利用者は年間総従業員数に対して６ないし８％といったところが平均ではないかと思われる（広瀬，1966，pp.190-191)」と述べており，そこから逆算するに「700人くらいの従業員が，１つの構内に集中しているとか，非常に近接している事業所で働いているような企業にして，はじめて１人のカウンセラーの仕事の量が，適当になってくるといえるわけである（広瀬，1966，p.191)」と述べる。

ただし，広瀬は何度かそれでも「悲観的に見ることはない」と述べる。実際，産業人事相談の反省を受けて，1960年代の産業カウンセリングではいくつか特徴的な主張がなされていく。以下にそれを見ていく。

（4）ラインによるカウンセリング

1950年代までの産業人事相談と比較した場合，1960年代の産業カウンセリングの最も際立った特徴は，カウンセリングを専門家のみに限定せず，広く専門家以外へと開放する点である。例えば，以下の記述にその特徴がみられる。

> カウンセリングはあくまでもプロフェッショナルなものであり，高度の訓練を要する臨床的技術をふくんでいることは，大いに強調される必要があろう。
>
> だがしかし，―こういうと矛盾するようだが―カウンセリングはけっして一部の専門家だけのものではない。カウンセリングは万人がその意義をよく理解し，その方法を学べば，大いに活用できるものである（杉溪，1963，p.17)。

なぜ杉溪は職場カウンセリングを専門家だけが行うものではなく，ラインの管理・監督者が行うべきものと考えたのか。それは以下の記述に示されている。

しかし，産業カウンセリングが，企業の発展に本当に力となるためには，ただ制度を設けたり，相談室を置いたりするだけでは十分ではないという見方が次第に起こってきた。会社の片隅でカウンセラーがときどき面接を行なっているというようなものなら，たいして経営にプラスしないのではないかという反省である。
もちろん，専門家が第三者的立場で行なうカウンセリングが，全く無益だとか，意味がないというわけではないが，そういう形だけで，はたしていいのだろうか？　という疑問が生じてきたのである（伊東・杉溪・坪上，1968，p.171）。
（※引用箇所は杉溪が執筆）

つまり，杉溪は，前節でみた調査結果を受けて，単に制度を設け，相談室を置き，会社の片隅でカウンセラーが時々，面接を行うのでは経営にプラスしないと考える。

そして，杉溪は，専門的レベルのカウンセリングとは別に一般レベルのカウンセリング（＝ライン・カウンセリング）というものがあり，そうした普通の人どうしの対人的なコミュニケーションを円滑に行うにあたって，カウンセリングの原理や方法は用いうると考えた。こうしてこの後，議論はどのように管理・監督者（≒上司）にカウンセリングのマインドと基礎的な技術を教えていくかという方向に進んでいくことになる。

つまり，対人的なコミュニケーションの技法として，カウンセリングの原理と方法を適用しうる可能性はきわめて大きいのである。要するに，端的にいえば，カウンセリングは日常生活の中で活用できるものである。なぜならばそれは相互理解を促進し，信頼関係をつくりあげるからである（杉溪，1963，p.18）。

伊東（1967）も，ほぼ杉溪と同趣旨のことを言っている。伊東は，管理・監督者によるカウンセリングを「裏門から」のカウンセリングと言い，むしろ「裏門から」のカウンセリングを推奨した。

> すなわち「表門から」のカウンセリングー専門家による治療的カウンセリングーが，ほんとうのカウンセリングであって，監督者によるカウンセリングの実施は，何か邪道であるというような思想が，そこにはうかがわれる。しかし，今日のわが国の企業におけるカウンセリングでは，事態は，まさにその逆でなければならないだろう（伊東，1967，p.208）。

伊東は，現代の言い方では上司による部下のカウンセリング，すなわち「裏門から」のカウンセリングの方が企業にとってより重要であると言う。そのため，上司の「質を向上するという目的で，最初から，相談室を設けず，カウンセラーをおかず，監督者がカウンセラーになるように，監督者訓練の中にカウンセリングを重点的にとりあげた（伊東，1967，p.191）」取り組みを重視する。

伊東は，アメリカでカウンセリングの修士号を取得し，日米の文化・風土の違いを痛感していた。だからこそ，むしろ日本では専門家による「表門から」のカウンセリングよりも，上司部下の人間関係に働きかける「裏門から」のカウンセリングを望ましいと考えたのである。

（5）操作主義・技術主義批判

1960年代の産業カウンセリング論では，カウンセリングは世間に何か大きく誤解されているのではないかという問題意識も芽生えてくる。

例えば，伊東（1959）は，産業人事相談制度を設ける会社が増えてきた一方，それが単に「すぐれた人事管理」「直接関節に生産性の向上に役立つこと」と捉えられることを批判する。伊東はカウンセリングの「技術の根底に流れている人間尊重の精神を正しく理解しなければならない」（p.228）と考えるからである。1960 年代に , 伊東はこの論点を繰り返し論ずる。

当時，伊東が具体的な批判の対象としたのは，MTP（Management Training Program ＝管理者訓練）や TWI（Training Within Industry ＝監督者訓練）に代表される監督者訓練である。MTP 及び TWI ともに日本で広く普及した，現在でも定評ある管理者・監督者訓練プログラムである。しかし，伊東はこのプログラムをカウンセリングの視点から批判する。何を批判したのか。

> （MTP と TWI は）いずれも，アメリカの操作主義的，技術主義的心理学の爛熟期に生まれたものであり，それが日本にとり入れられるとき，さらに操作的，技術的な色彩が濃厚になったように思われる。
>
> MTP と TWI をもとにして，わが国独自の監督者訓練の様式もいくつか作られているが，その根本にある哲学が操作主義，技術主義であることに変わりはない。また，それとともに，企業経営や「人間の扱い方」についての，いわゆるハウ・トゥもの（How to）の氾濫は，わが国の企業における「人間不在」に拍車をかけたようである（伊東，1966，pp.244-245）。

伊東の MTP と TWI に対する批判が現在でも正当かとは別に，伊東が何を重視しているのかは明確である。伊東は人を「操作的，技術的」に扱うこと，「人間の扱い方」をハウ・トゥ的に学んで，人間不在に陥ること，人を「もの」として扱うことを嫌う。

操作主義・技術主義批判と類似の趣旨のことは杉溪も述べている。

例えば，伊東・杉溪・坪上（1968）の中の杉溪が執筆した章では，管理・監督者（＝上司）によるカウンセリングについての否定的見解・肯定的見解を，職場のカウンセリングの無用論・有用論としてまとめている。

興味深いのは，杉溪は「職場のカウンセリング無用論」を一蹴する一方で，「職場のカウンセリング有用論」をも批判する点である。有用論とは，すなわち，職場のカウンセリングは問題解決の支援のみならず，トラブルやノイローゼの予防になり，モラールの向上にも役立つ。職場のカウンセリングは対話を通じて上司と部下の信頼関係を作り出す。上司が傾聴することで部下の思いやわだかまりが吐き出されカタルシスが得られる等の議論である。これを批判して以下のように述べる。

> これは（＝職場のカウンセリング有用論は）一見きわめて合理的で，かつ常識にも妥当するように見えるが，本書の主張とはギャップがある考え方であるといわなければならない。なぜなら，そこには部下の行動を「問題視」し，これをツブすことに懸命になり，皆が何の悩みもない，そして命令されたことに文句もいわず，ひたすら生産に励む「優等生」になることをもって最上とするような発想がうかがわれるからである（伊東・杉溪・坪上，1968，pp.177-178）。

杉溪は，結局は有用論も部下を「問題視」し，それを「優等生」に変えようとする発想があると言う。これは伊東が強調する

「操作主義」「技術主義」批判と通じるものがある。

では，杉溪や伊東は職場のカウンセリングにはどのようなことが必要だと言うのだろうか。

（6）「生きがい」「人間恢復」の重視

杉溪は，「『職場のカウンセリング』の必要性を論ずるならば，さらに積極的で建設的で前向きの考え方を求めなければならない」（伊東・杉溪・坪上，1968，p.178）と言う。そのうちの1つに杉溪は「生きがいの発見」を挙げる。杉溪によれば，産業カウンセリングによる「生きがいの発見」とは，以下のようなことである。

> カウンセリングは，真に生きがいのある生活を探求する場である。このことは職場のカウンセリングにおいても何ら変りはない。生きがいは誰でもが皆求めているにもかかわらず，なかなか得られぬものである。カウンセリングは，従業員が仕事の中に生きがいを見出すのを，カウンセラーや上司が援助する過程なのである（伊東・杉溪・坪上，1968，p.178）。

現在の視点から見た場合，1960年代の産業カウンセリングの説明は，ロジャースの技法よりは，むしろロジャースの人間観に焦点が当たっている。例えば，以下のとおり，ロジャースの人間観が徹底して強調される。

ロジャースの学説によれば，「人はだれでもみずからの内部に，自己を成長させ，実現させる力（growth force）をもっている」というのである。べつないい方をすれば，人は自分で選択し，決定し，責任をとることができる，そういう力を本来もっているというのである。これが彼の「成長の原理」といわれるもので，クライエント中心のカウンセリングの根本仮説となっている。

そこで，カウンセラーは，クライエントに内在する成長力を認め，これに信頼をおいて，かれが自己実現に向かうことを最大限に援助するようにつとめるのである。つまりカウンセラーが中心になって問題解決の責任をとるのでなく，クライエント自身がみずからの成長力によって自己解決をするようにふたりの関係をつくりあげていくところに，クライエント・センタードとよばれるカウンセリングの特徴があるのである（杉溪，1963，p.78）。

この点は伊東も同様である。伊東の場合，キーワードは「人間恢復（回復）」である。伊東は，「人間恢復－主体性，独自性，創造性の恢復－のフィロソフィー」を具体的に実現するものがカウンセリングであると考えていた。

カウンセリングは，根本的に，喪われつつある「人間性の恢復」という線に沿っていなければ，むしろそれ自体，人間疎外に協力することになり，カウンセリングの現代の教育，企業，社会に対する意義の大部分が失われてしまうのである（伊東，1966，p.243）。

その上で，伊東は次のように考える。

私は，人間というものは，ほんらい「主体的」存在であり，ほんらい「独自的」な存在であり，ほんらい「創造的」な存在であり，ほんらい「全体的」あるいは「統合的」な存在であり，ほんらい「社会的」な存在なのであるが，それと同時に，そのような諸特質をできるだけ完成するということもまた，人間存在のあるべき姿なのだと考えるのである

というのは，私のカウンセリングの経験のなかで，クライエントとして私たちを訪れる多くの人が，多かれ少なかれ，その主体性，独自性，創造性などを阻害されており，そしてカウンセリングの過程は，彼らにとって，その阻害されている主体性，独自性，創造性などを少しずつ恢復していくプロセスである，と私には思われるのである（伊東，1966, p.126　原文ママ）。

伊東が念頭に置いているのは，やはりロジャースの「十分に機能する人間（fully functioning person)」や，マズローの「自己を実現する人間（self-actualizing person)」である。

「十分に機能する人間」も，「自己を実現する人間」も，自分のなかにあるあらゆる可能性を現実化する，という意味である。

主体的に，その人に独自な（ユニークな）ものを，創造的に現実化していくことであるが，このことは人間の成長とか，人間が人間になっていく，ということと同じことであるから，何もカウンセリング関係だけが，それにかかわり合いをもっているというものではないであろう（伊東・杉溪・坪上，1968, p.28)。

伊東は，「十分に機能する」あるいは「自己を実現する」とは，どういうことかについても述べている。それは，①主体的になること，②独自的になること，③創造的になること，④社会的にな

ることである。中でも，伊東は「主体的になること」を最も重視する。主体的であることが，「独自的になること」「創造的になること」のベースとなるからである。また，人は主体的になればこそ，「やらなければならないことをやる」という社会的な要求にも進んで応じるようになるからである。

こうした考察をふまえて，伊東は独特の組織観を示す（図１）。２つの図を提示して，普通は左図のように「一つの職場が，その直接の目標をもっともよく達成するためには，その職場のすべての人が，一つの目標に向かって，よく『まとまっている』ことが必要だということは，一応もっとものように聞こえる」（伊東，1967，p.138）と述べる。

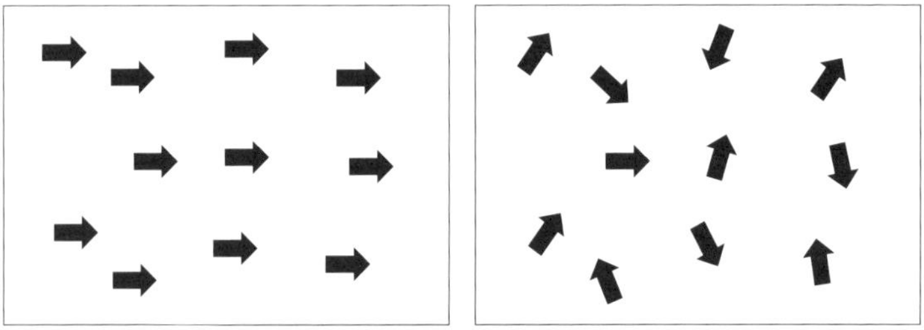

図１：伊東博の組織論

しかし，伊東は人間のいかなる集団も左図のようにはならないと考える。仮にこのような集団ができたとすれば，「そこには，多くの虚偽と，偽善と，不満と，さらには人間能力の窒息状態が潜伏しはじめるであろう」（伊東，1967，p.139）。したがって，伊東は右図の「まとまりのない集団」が自然だと述べる。その上でミツバチの集団では，このようなまとまりのない集団の方が成長発展を続けるという例を引く。

ここには，伊東の「主体的になること」の真意が示されている。

伊東は，集団にあって一見，ばらばらに見えようとも，各々が主体的であることこそ人間恢復にとって必要であり，そういう集団こそが望ましく，かつ機能すると考えたのである。

（7）労働省の産業カウンセリングの取り組み

労働省（当時）が本格的に産業カウンセリングに関心を持ち始めるのも，1960 年代である。1960 年代には，労働省およびその関連機関から「産業カウンセリング制度」に関する公的な文献が数点，発刊されている。例えば，労働省婦人少年局（1965）「年少労働者のための産業カウンセリング制度」，労働省婦人少年局（1967）「産業カウンセリング制度普及状況調査結果報告書」，日本労働協会（1968）「働く若人の悩みを解く方法－産業カウンセリング制度」などである。これら一連の文献には，当然というべきか，伊東や杉溪も関わっている。

この時期，労働省は産業カウンセリングを「年少労働者」「働く若人」の対策として考えていた。

> 年少労働者は就職して日が浅いために，職業生活に適応していくうえで，非常な努力と忍耐を要求されています。また，年少労働者の経験する社会的環境の変わりようは，学校生活を続けていける青年とは比べものにならないのがふつうです。たとえば就職にともなって，家庭から共同宿舎や住込みの生活へ，田舎から都会の生活へといったすまいの移動ばかりでなく，職場内外でも数え切れない変化に直面しています（労働省婦人少年局，1965，p.9）。

当時の労働省婦人少年局長であった高橋展子によれば「婦人少

年局では，心身ともに成長の過程にある年少労働者が，職業人としてあるいは人間としてもつ諸々の悩みについて，個別的に相談に応じ，広範な視野から解決の援助をなすことにより，職場内外における適応と人間成長を高め，生産性の向上に資することを目的」としていた。

その上で，その頃の職場に未だ残る日本の封建主義的な監督者と戦後の従業員の間にはギャップがあることを見て取り，そのため管理監督者に「カウンセリング精神」を身につけてもらい，職場の人間関係全体を改善しようという問題意識があったのが特徴的である。

> さらに，日本では戦争を境にして人間観，職業観に大きな変化が生じたため，戦前の感覚をもつ使用者と純粋に戦後の子である年少労働者の間には，おたがいに理解しあえないみぞのようなものがあって，話しあう前に問題がこじれきってしまう例も少なくありません（労働省婦人少年局，1965，p.9）。

なお，そのための講習会も1964年度から開かれており，1968年3月末で，受講修了者は約800名に達したとの記録も残っている（日本労働協会，1968，pp.42-43）。

4　1970～1980年代の「キャリアカウンセリング」

（1）野原蓉子の産業カウンセリング論にみる1970年代

1970年代には，企業内の相談に乗る「産業カウンセリング」

「キャリアカウンセリング」について書かれたまとまった文献は，あまり見られなくなる。論文や記事といった分量の少ない文献は散見されるが，「キャリアカウンセリング」に関する文献の他，「産業人事相談」「産業カウンセリング」などに範囲を広げても全般的にあまり見られなくなる。

唯一の例外が，野原蓉子によって1978年に発表された「変革期の産業カウンセリング」である。そして，この本は1970年代に産業カウンセリング・キャリアカウンセリング関連の文献が見られなくなる理由を考えるヒントを提供する。

この書籍のメインテーマは「悩みを感じない人間の激増」である。

> 企業数社の職場相談をずっと続けてきて，最近とくに痛感することは，“悩みを感じない人間”が激増してきたことである。
>
> かつて，私たちは実にさまざまな悩み相談を受けた。会社（職場）の理解や仕事上の諸問題，職場や家庭の身近な人々に対する欲求不満や葛藤，経済上のトラブル，教育，心身の健康，余暇，または法律上の問題，恋愛や結婚問題など——である（野原，1978，p.3）

上記引用のうち2段落めは，先に触れた1950年代の産業人事相談の悩み相談の内容と重なる。つまり，野原は1970年代には，1950年代に顕著にみられた「さまざまな悩み」が無くなった，感じなくなった人間が増えたと主張しているのである。したがって，端的には，1970年代に産業カウンセリング関連の文献が少なくなるのは「悩み」が少なくなったから，すなわち，カウンセリングで取り扱うべき「悩み」が減ったからだと言える。

ただし，野原の議論はもう少し複雑である。野原によれば，1950年代のような「悩み」は「自分，他人，会社（＝社会），地域や国に対して，自らが持つ理想と現実とのズレをいかに考え，自分のいるべき場所を求めての苦悩といえるものであったと思う(野原，1978，p.4)」。しかし，「悩み」がなくなってしまったのは，理想と現実の「乖離」がなくなったからではない。つまり，理想が全部，実現してしまったからではない。そうではなく，野原は，生活が貧しかった1950年代にははっきりしていた「理想」そのものがなくなったからだと言う。1950年代と違って，人々は何を目指して良いのかという方向感をすっかり見失ったということだろう。

さらに野原の議論で興味深いのは，「企業は悩まない社員を喜べるか」「悩まない社員をかかえた企業は発展するか」と続ける点である。つまり，「悩み」が無くなったことを良いこととは考えていない。

> これからの企業環境を考えると，悩みを自らつくり出す位の積極人間でないと，企業の発展は考えられないとも言える。いま企業は，「発想の転換」とか「創造性開発」といったことに真剣にとりくんでいる。それらの内容がどれほどの苦しみをともなうものかを考えればわかる。一方，現状維持で発展していない企業に働く人たちに，生きがいややりがいのあり得ようもない（野原，1978，pp.10-11）。

こうして野原は，積極的に悩むことの重要性，さらには悩むことの必要性へと議論を展開する。

人間が変わりうるのは，その人間が苦しんでいて，しかも，その苦しんでいる原因に気づいていることが重要条件であるからだ。
これらのことを考えてみれば，悩むことの重要性は容易にわかると思う。
もちろん，それはノイローゼのような不毛な悩み方でなく，自己の尊厳に生きたいための本来的な悩み，ここ一番悩むべき命題を自ら進んで悩むことだ（野原，1978，p.14）。

こうした野原の議論から示されるのは，1970年代に至って，日本人は初めて1950年代の欠乏や必要性に基づく悩みから，自分で自らの進むべき方向を考えるという悩み，すなわち自らキャリアを考える悩みへと目が向くようになったのだと言えよう。それゆえ，野原の書名も「変革期」の産業カウンセリングなのだ。1950年代から1960年代にかけての高度経済成長期は，1973年と1978年のオイルショックによって完全に終わってしまった。いよいよ，本格的に自らのキャリアを考えるしくみを議論する時代が訪れる。

（2）CDP（Career Development Program：キャリア開発プログラム）

キャリアカウンセリングが再び注目されるようになった端緒は，1980年前後に「CDP（Career Development Program）」が日本に紹介されたことに求められる。

CDPそのものは，1960年代から日本に散発的に紹介されてきた。例えば，武田（1964）はCDPにまとまった形で言及した最初期のものである。以下のように言及している。

> キャリア・プログラムというのは，昇進制度を会社の立場からのみみるのではなく，個人の立場からもみようとするものである。各個人が，どのような順序で職務能力を増大し，より良い地位に昇進してゆくことができるかを人事スタッフ，管理者，本人の３者が一緒になって相談しようというものである。本人の将来の進路の相談をしてやるという点では，人事相談の性格をもつが，それがまた配置など，人事管理のアクションに直接つながるところに特色がある（武田，1964，p.139）。

1980年前後に，本格的に日本にCDPを紹介した中心人物は，当時，全日本能率連盟人間能力開発センターに所属し，後に，帝京平成大学に転じた俵実男である。

現在の目から見た時，初期のCDPは，基本的にジョブ・ローテーションのシステムである（俵，1980）。そのために必要なサブシステムとして，「キャリアパターン（異動・昇進ルート）」があり，そのルートに「自己申告制」で従業員が手を挙げる。その際の評価材料として「能力・適性評価制度」があり，「段階的教育訓練プログラム」がある。企業の側では異動・昇進を円滑に行うために「人事データ・システム」がある。その後の日本におけるキャリア開発の基本的な考え方は全てこの時点で用意されていたという意味で，1980年前後のCDPには，後の日本のキャリア開発を考えるにあたって歴史的な意義がある。

ここで，俵が説明する「自己申告制」は，英語では「Appraisal & Counseling Program」であり，「評価とカウンセリングプログラム」である。俵は「カウンセリング」という言葉は用いていない。しかし，俵はCDPにおけるカウンセリングの役割を「上司・部下の話し合い：進路指導」とも記述しており，さらに以下のとおり説明している。

日本で「自己申告制」として知られているA&Cプログラムでは，従業員ひとりひとりが上司の助言を受けながら，自分の進路・目標を絞り，それに対応した開発プランをつくる。つまり，“主人公”はひとりひとりの従業員であるが，すべて独力でやれというのでは，考えあぐねたり，非現実的な啓発プランをつくることになったりする。そこで，上司が助言者として，必要な情報を与えたり，アドバイスを行って，現実的な開発プランをつくらせる（俵，1980，pp.130-131）。

重視すべきは，上の引用部分にもニュアンスが現れているが，当時のCDPにはマグレガーのY理論，マズローの自己実現欲求などの人間尊重の理論的基盤があったことである。当時のCDPは，「能力・適性はひとりひとり違い，個人目標も多様であるというところから出発した，ひとりひとりの自己実現を可能にしようとする，多様でキメこまかい長期人材育成計画である」（俵，1980，p.126）という点を強調した。この点も，この頃のCDPの特徴である。

（3）1980年代のキャリアカウンセリング論

1980年代のキャリアカウンセリング論，すなわち企業内で行われる「キャリア」に焦点を絞った相談に関する議論は，CDPにおけるキャリアカウンセリングから派生する。

中でも，松田（1987）は，1980年代のキャリアカウンセリングの特徴を表す代表的な著作である。松田は，1980年代の観点から，以後の人事施策が目指すべき基本志向を挙げている。その中に「人間尊重としての「個」に重点を置いた人事施策の展開」「能力主義・実力主義に基礎をおいた人事施策」といった文言がみられる。組織・集団・体制を優先する考え方を批判し，「個」に重きを置く論じ方が1980年代の特徴である。
「個」に重点を置いた人事施策として，やはりCDPに言及がなされる。松田はCDPを以下のとおり定義づけている。

一人ひとりの従業員の知識や経験と業績が，系統的なローテーションのもとに記録され，成長を約束しながら本人にも進路指導の方向をはっきり自己申告させ，個人と企業の業績を向上させていこうとする計画（松田，1987，p.21）

松田が論じるCDPでは「現実の企業ニーズおよび本人の能力・適性についての正確な情報を従業員に与え，1人1人が現実的なキャリア・プランをつくれるよう，キャリア・ガイダンス体制を強化することが大切である」（松田，1987，pp.37-38）と述べる。その上で，松田はCDPにおけるキャリアカウンセリングについて整理している。以下にやや長く引用する。

CDPが従業員一人ひとりのキャリア開発を援助・促進するためのプログラムであり，その成功・不成功の鍵を握るものとして，個人別の進路相談を含めたキャリア・カウンセリングが，CDPの核として考えられていることである。
キャリア・カウンセリングとは，多くの企業ですでに導入されている自己申告＋指導面接の制度である。CDPの構成要素としての制度やツールは，このキャリア・カウンセリングを正しく機能させるために補強されているものなのである。
キャリア・カウンセリングは，本人の希望を基にして，上司と部下が話し合い，
①本人の能力・適性を確認すること
②これに合致した将来目標（ポストと職務）を設定する

こと

③そこに到達するのに必要なキャリア開発目標・計画書をつくるという作業を共同で行なうこと

④毎年見直しと修正を加えること

この制度は，本人の自主性に基づく啓発努力が，

①誤った能力・適性の自己評価からスタートし，

②企業ニーズを無視したり，自分の能力を無視した非現実的なポスト（職務）を目標として，

③見当外れの啓発プランをつくり，骨折り損のくたびれもうけにならぬよう，上司が助言を行なう。

というのが本来的な狙いである。

この場合，上司に期待されている役割は，

①本人の自己評価に甘いところがあればそれを正し，

②本人の希望ポスト（職務）が，企業ニーズや本人の能力に合わない場合にはマッチすると思われるポスト（職務）に目標を変えるよう助言し，

③そこに到達するためにどんな能力開発が必要で，それをどう進めればよいか助言をする。

というものである。

さらに，松田がまとめている「キャリア・カウンセリング・システムの内容」を箇条書きで以下に抜き出した。

①ライン・マネージャーによる面接を原則とする
②社内外の職業情報の提供
③本人の自主性の尊重
④職業相談における個人別情報の整備
⑤キャリア・カウンセリングと能力再開発，配置との関連

①では，「ライン・マネージャーによる面接を原則とする」と明確に記述されている点が目を引く。伊東や杉溪の時代からさら

に進み1980年代にはライン・マネージャーの面接が原則となっている。②では情報が強調されている。これは後に2001年の「労働者の職業生活設計に即した自発的な職業能力開発及び向上を促進するために事業主が講ずる措置に関する指針」(事業主指針）で「情報の提供」を強調することに連なっていく。また，③本人の自主性の尊重では，キャリアカウンセリングは「自己申告」が第一義であり，本人の自主的な判断でキャリアルートの選択を行うとしている。④は，「本人の能力・業績等過去からの蓄積と経年変化を知る」(松田，1987，p.208）ための「行動観察記録」であるが，こうした本人の能力や過去の業績・経験を蓄積する記録は，1990年前後に当時の労働省で最初期には「能力開発手帳」として構想され，後の「ジョブ・カード」へと至っている。

このように，1980年代のキャリアカウンセリング周辺の発想は，様々な脈略を経て，現在のキャリア形成支援施策に結びついていることが示される。

なお，1980年代のキャリア論に関して特筆したいこととして，当時，余暇やレジャーがよく論じられたということがある。松田(1987）では，以下のように述べている。

もはや，欲求の低次元を構成してきたモノ重視（システムにおいてはハード中心）から，より高次の精神的なもの，つまり人の心のあり方と生きがい・働きがいを見つめることの大きさに，働く人びとが目覚めだしたということなのである。

それは，余暇の考え方・行動の仕方にも如実にあらわれている。つまり，昭和40年前半までの職務重視による解放感からの余暇を求める姿勢（Release)，ついで昭和50年半ばまでの労働で消耗したエネルギーを再び蓄えて明日に備える姿勢（Recreation)，そしてそれ以降今日にようやく及んできた本来の余暇（Leisure）は，自分自身と真正面から対面して自己実現の欲求を満たしていく方向へと動きだしているということである（松田，1987，はしがき）。

「モノ重視」から，「より高次の精神的なもの」「心のあり方」「生きがい・働きがい」といったモノ以外のものの重視も1980年代の基調である。日本人は豊かになったという自負にあふれており，働き方のみならず，いかに余暇を過ごすかが，この時代の働き方を論じる際に必ず言及された。また，個人主義的な価値観の高まりを背景に，消費社会論などが論じられた。この働くこと以外の時間の使い方という観点から，1990年代以降のフリーター，ワークファミリーバランス（現在のワークライフバランス），非正規雇用等，キャリア支援・キャリアカウンセリングの領域で重視される各種の労働に関する論点が出てくることになる。

（4）職業能力開発促進法の成立

1980年代のキャリアカウンセリングを考える上で欠かせないのが，1985年職業訓練法の一部改正に伴う職業能力開発促進法の成立である。

当時，第2次産業を念頭においた公共職業訓練だけでは「ME化」「サービス経済化」などの経済社会情勢の変化に対処できないとして，企業内のOJTも含めた人材育成のしくみを基盤とした職業能力開発へとパラダイム転換が必要だとされた。その上で，「新時代に求められる職業人を積極的に育成する新しい「学習企業」に移行していくことが必要である」（宮川，1986，pp.78-79）と考えられた。

職業能力開発促進法は，事業場内における職業能力開発計画の作成を事業主の努力義務とし，あわせてその担い手として職業能力開発推進者制度を設けた。職業能力開発推進者制度は，当時，「事業内における職業能力開発を円滑に推進するためには，能力開発の推進役となるキイ・マンの存在が不可欠である」（宮川，1986，p.146）「従業員の自己啓発意欲に応えるためには，職業能力開発促進の措置に関して，相談，指導等を行う体制を確立する必要がある」（宮川 1986，p.146）といった趣旨で設けられた。

その職務も「その雇用する労働者に対して職業能力の開発に関して，相談，指導等を行うことである。ここでは，職業能力開発推進者には，職業能力開発に関するカウンセラーとしての役割が期待されている」（宮川，1986，p.147）とある。その上で，職業能力開発推進者が選任されて直ちに活動できるものではないことから，「職業能力開発推進者に，その職務を全うさせるためには，職業能力開発計画の作成の方法，従業員に対するカウンセリングの行い方，各種給付金の受給手続き等に関して必要な知識及び技法を付与しなければならない」（宮川，1986，p.149）としている。

これらの記述からは，当初，職業能力開発推進者には何が期待されていたのかを確認することができる。すなわち，職業能力開発推進者とは，企業内の職業能力開発の主たる担い手であるが，その際，従業員の自己啓発意欲に答えるべく相談・指導等を行う存在として，職業能力開発に関するカウンセラーとしての役割が期待されていた。そして，ここが職業能力開発及び人材開発行政がカウンセリングと接点を持った最初期の記述であり，企業内におけるキャリアコンサルティングの機能が期待されるに至った淵源を見ることができる。

（5）横山哲夫のキャリアカウンセリング論

CDPの考え方は，キャリア開発ワークショップ（CDW）のようなキャリア研修の枠組みとして受け継がれた（横山，1988）。CDWの目的は3つある。「①自己認識を深めること」「②自己のアセスメントにいどむこと」「③自己キャリアゴールとキャリアパスを明確化してみること」である（横山，1988，p.152）。

この目的のために2泊3日の合宿形式でキャリア研修を行うのがCDWである。そして，「合宿期間中を通じて，キャリア・カウンセラーが同宿し，随時，個人別のカウンセリングの要望に応じられるようにしてある」（横山，1988，p.154）といった形で，CDWの中にキャリアカウンセリングの機会を取り込むのが特徴である。この2泊3日のキャリア研修で参加者のキャリア意識を高めて，その夜の時間などの合間の時間に帯同しているスタッフがキャリアカウンセリングに乗る（あるいは後日，相談に乗る）という形態は，1980年代から1990年代にかけて普及した形式であった。

このCDWの開発・推進の中心人物であった横山哲夫（1988）による「個立の時代の人材育成」も1980年代のキャリアカウンセリング関連では重要な著作である。JCC（日本キャリアカウンセリング研究会）の歴史とも重なるが，CDWとは別に，企業内のキャリアカウンセリングルームについて以下のように述べている。

> CC ルーム（キャリア・カウンセリング・ルーム：引用者注）では本来的な意味での，心理治療的な，不適応者対象のカウンセリングから，実務的な健常人の進路指導的ガイダンスを含めた幅広い面接を行なうことにする。健常人，適応者もまた，相談面接への動機づけは十分にもっている。（中略）
> CD ワークショップでやっと眼がさめて，CC ルームに話しに行くということになってもよい。部下のキャリア指導の問題で CC ルームを訪れ，結局，問題は自分にあると気付く管理者も出てくるだろう。若年者も中高年者も，元気のよい者も，よくない者も，自分のキャリア，仕事，人間関係について，自分だけでは考えあぐねていることが多いのである。CC ルームではこうしたキャリア相談をすべて受けつけることにする。守秘義務は当然のことであるが，事柄により，また希望によっては，正規のルートにつなぎ必要な情報が得られよう援助してやったり，必要な人に会えるようにしてやる，ということも起き得る。
> いうまでもなく，カウンセリング・ルームを名乗るからには，不必要な指示的助言はできるだけ控えて，自分で気付き，自分で解決にすすむことができるようにするカウンセリングの基本は維持されなくてはならない（横山，1988，pp.184-185）。

上で書かれた横山のキャリアカウンセリング論，その前提であるCDW＋キャリアカウンセリングは1990年代にはさらに進化し，広がりを見せる。1990年代，企業のキャリアカウンセリングと言えば，横山と横山を中心とするグループが主導的な立場を担っていた。後のキャリアコンサルティング制度創設に連なる流れの中で，横山らによる「組織と個人の共生」，そのための「個人主導のキャリア開発」は当時，極めて重要視された考え方であった。

5 「キャリアコンサルティング」へ

ここまで戦後のキャリアカウンセリングの歴史を概観した。ホーソン研究を理論背景とした1950年代の産業人事相談から，ロジャース・マズローを理論背景とした1960年代の産業カウンセリングへ，そして，1970年代に一時，産業カウンセリングが下火になるが，1980年代，CDPなどの紹介とともにキャリアカウンセリングが広がりを見せる過程を限られた範囲内ではあったが，一応，示した。

この後，バブル崩壊とともに人々のキャリアに対する認識は一変する。1990年代には，1980年代までの全てを反面教師とする自己責任論をベースとしたキャリア論が生じる。現在に続く「キャリア自律」という用語は当時の面影を残す言葉である。そうした時代の雰囲気の中，1996年には個人主導の職業能力開発を掲げる第6次職業能力開発基本計画が策定される。この計画は，歴代で最も「キャリアカウンセリング」の語句が多く用いられた計画でもあった。

やがて2000年代に入り，2001年に第7次職業能力開発基本計画が策定され，労働市場の5つのインフラ整備が目標として示される。この目標の1つに，キャリア形成の促進のための支援システムの整備が含まれており，ここに「キャリア・コンサルティング」の文言が書き込まれる。そして，2000年代以降，産業人事相談，産業カウンセリング，キャリアカウンセリングと手渡されたバトンは，キャリアコンサルティングへと引き継がれることになる。

今回，不十分ながらも戦後の歴史を概観して痛感するのは，日本における産業人事相談，産業カウンセリング，キャリアカウンセリングに関する歴史研究のさらなる発展・充実・拡大の必要性である。今回，この原稿を執筆するにあたって，おもに現在でも古書として入手しやすい書籍を中心に検討を行った。そのため，戦後の産業カウンセリング論を牽引した杉溪一言や藤本喜八，伊東博の著作を中心に引用し，論を進めることとなった。しかし，この3者に限ったとしても，書き進めるごとに，次から次へと重要な論考を含む文献が出てくる。本稿ではあまり取り上げなかった編著の1章（例えば，1957年に出版された有名な沢田慶輔編「相談心理学」の中で杉溪や伊東が執筆した章など）や，1950～1960年代に産業人事相談や産業カウンセリングについて書かれた短い分量の雑誌論文など，掘り起こせば掘り起こすほど，興味深い文献が出てくる。そして，そのいずれもが現在のキャリアコンサルティングを考えるにあたって有益な論点を提供し，示唆に富む考察を展開する。

歴史研究では新たな文献が掘り起こされることで，歴史が書き換わることがよくある。現在，古い文献はむしろ「国会図書館デジタルコレクション」などで閲覧・参照がしやすい。拙速に取りまとめられた本稿を踏み台として，今後，各方面で研究が進み，日本の産業カウンセリング史，キャリアカウンセリング史の研究のより充実した発展を願うばかりである。

ちなみに，杉溪一言先生は，1960年に日本産業カウンセラー協会を立ち上げ，1996年には日本産業カウンセリング学会の初代会長に就任するなど一貫して産業カウンセリングの分野を牽引し続けた。2023年現在ご存命であり，斯界に杉溪先生を慕う産業カウンセラーは多い。

藤本喜八は，むしろ私には職業指導・進路指導の分野の第一人者という認識が強い。1950年代に日本職業指導学会の立ち上げにも関わった藤本は1978年には日本進路指導学会の初代会長となる。そして，現在，日本キャリア教育学会で特に功績のあった者に授けられる「学会賞（藤本賞)」にその名を残している。

では，戦後まもなくアメリカで初めてカウンセリングの修士号をとった伊東博はどうだろうか。実は伊東は 1960 年代のある段階で日本のカウンセリングを見限り，1970 年頃にはカウンセリングから離れ，からだに働きかける独自の「ニュー・カウンセリング」へと向かっていく。「カウンセリングの初心にかえれ」「ロジャースにかえれ」と切に訴えながら（伊東，1983，p.14)，伊東は戦後の産業カウンセリングの発展に何を見たのだろうか。そして，今，日本のキャリアコンサルティングを見たとしたら，何と言うのだろうか。

本稿によって，我々の先達の研究や実践の膨大な蓄積に少しでも関心を持つ方が増えれば，望外の喜びである。

【引用文献】

淡路円治郎（1952）『経営管理上のヒューマン・リレーションズ』野田信夫ほか著　ヒューマン・リレーションズ　ダイヤモンド社

藤本喜八（1952）『労務管理者の新しい常識３－産業人事相談とは』労務研究，５（４），pp.37-39

藤本喜八（1959）『職場－自分を最高に生かす方法』光文社

広瀬米夫（1966）『カウンセラーの自己訓練』岩崎学術出版社

石垣清一郎（1957）『職場人事相談について』関西経協　関西経営者協会 11（６），pp.21-23

石垣清一郎（1962）『わが国における産業カウンセリングの発展』カウンセリング，３（１）pp.14-24，日本カウンセリングセンター

伊東博（1959）『カウンセリング入門』誠信書房

伊東博（1966）『新訂カウンセリング』誠信書房

伊東博（1967）『管理・監督者のためのカウンセリング入門』池田書店

伊東博（1983）『ニュー・カウンセリング』誠信書房

伊東博・杉渓一言・坪上宏（1968）『部下を生かすカウンセリングの技術』ダイヤモンド社

松田憲二（1987）『キャリア開発と生涯教育』日本能率協会

宮川知雄（1986）『解説職業能力開発促進法－未来を拓く人材開発』日刊労働通信社

溝淵富仁子（1959）『産業人事相談の考え方と実際：カウンセリングの研究と経験から』圭文館

日本労働協会（1968）『働く若人の悩みを解く方法－産業カウンセリング制度』労働省

野原蓉子（1978）『変革期の産業カウンセリング』自由アジア社

労働法令協会（1965）『人事相談制度の実際』労働法令協会

労働省婦人少年局（1965）『年少労働者のための産業カウンセリング制度』労働省

労働省婦人少年局（1967）『産業カウンセリング制度普及状況調査結果報告書』労働省

杉溪一言（1963）『職場のカウンセリング－部下指導の心理と技術』誠信書房

杉谷昌代（1989）『日本におけるカウンセリング運動－その歴史的変遷を探る』鈴鹿短期大学紀要，9，pp.73-82

武田実（1964）『これからの人事管理：人事体制の革新』日刊工業新聞社

武沢信一・平井隆太郎・早坂泰次郎（1955）『職場のための人事相談』同学社　(Garret, A. (1954). Counseling methods for personnel workers. Family Welfare Association of America.)

俵実男（1980）『キャリア開発入門』日本経済新聞社

横山哲夫（1988）『個立の時代の人材育成』日本生産性本部

第2部
日本のキャリアカウンセリングの歴史

第5章
教育分野のキャリアカウンセリングの歴史

三村隆男

1 戦前における職業指導の歴史

日本のキャリアカウンセリングの歴史を遡ると，その理念，内容，方法の点からその流れをガイダンスとしての職業指導に源流を認めることができる。我が国のキャリアカウンセリング研究や実践にとって，その成り立ちや初期的過程をたどることは重要なことであると考え，本章では特にキャリアカウンセリングの嚆矢といえる年少者の職業指導の成り立ちについて詳説する。

（1）年少者に求められた職業指導

1）産業革命により生まれた職業選択の概念

明治初期の工業人口は，1877年代では有業人口全体のうちわずか3～4%に過ぎず，大多数が世襲制の農業従事者であった。世襲制の中では職業を選択するという概念自体が存在せず，また，個人が自己の能力や適性を意識する機会は求められない。しかし，日清，日露戦争を境に起こった第二次産業革命は，我が国の近代化を推し進め，一挙に産業構造の変化による雇用機会の拡大を引き起こした。

第二次産業革命における工業人口の膨張は都市における求人の急増を生み，職業紹介業が活況を呈した。労働省（1962）によると，当時，公営の職業紹介施設はなく，営利職業紹介業として，寄《より》子《こ》，口入屋（図1）または告知業が活躍した。それらの傾向としては，事業所から遠方の地に住む求職者の無知に付け込み不当な雇用条件を押し付ける，人身売買と思しき雇用を行う，募集者が手当ての中間搾取を行うなど，多くの問題を抱えていた。この影響を受けたのが，社会的弱者の年少者であり，営利職業紹介所による適切とは言えない斡旋で職業生活を始めることで，その後の職業意識に悪影響を及ぼすことも多かった。結果的にこうした年少者が都市における非行問題の要因となった（大阪市社会部調査課，1930）。

2）「工場法」及び「職業紹介法」の制定

1900年に実施された農商務省の労働環境の実態調査により，工場という職場環境を中心に，職工募集，徒弟制度，幼年工や女工の問題，就業時間や賃金等様々な問題が表面化した。産業革命の進行は資本主義の発展を意味し，その結果生じた，労働運動の激発，被雇用者の階層化による貧民，窮民層の形成，年少労働者問題が表面化し「工場法」制定の背景となる。「工場法」は，工業発展の条件として婦女幼年労働保護及び熟練工の養成を規定し，労働保護の問題解決を工業の発展の基本的条件としたところに意義があり，1916年に施行された。

第一次世界大戦後の世界的不況は日本にも波及し，特に戦争による軍需を失った軍需産業をはじめ大量解雇がおこり，未曾有の失業問題に直面した。被雇用者の職業意識の問題，徒弟制度の崩壊，営利職業紹介と年少者労働の問題，失業など救済対象となる貧民層の増加といった近代化がもたらした産業構造，社会構造の変化に直面している我が国において，大都市はその問題を激化させていったのであった。

図1：口入屋店頭風景

1921年，職業紹介業務の改善を目指した「職業紹介法」が公布，施行される。これによって，市町村立の職業紹介所の設置が進められ，有料で職業紹介を始めるのであった。「工場法」により不完全ながら労務管理の国家統制が始まり，「職業紹介法」は雇用対策として失業者を減らすという機能を果した。

「職業紹介法」施行前においても，公設の職業紹介所の設置がなされており，1919 年段階では，公立の職業紹介所数は全国で 20 あり，その内大阪市に 13，東京市が 3，横浜市，横須賀市，和歌山市，長崎市がそれぞれ 1 であった。職業紹介事業が差し迫った問題であり，特に大阪市が迅速に対応したことがわかる。こうした職業紹介所では，主に職業斡旋が行われた。

（2）年少者職業指導機関の誕生

1）年少者の雇用情勢

1915 年，入沢宗壽が著書の『現今の教育』でアメリカ合衆国における vocational guidance を職業指導と訳し我が国に紹介した。これを契機に成人に対する職業紹介に加え，年少者に対する就職や進学につながる機能として職業指導が位置付けられた。

都市の人口増加の影響を最も受けたのは大阪市であった。我が国最初の国勢調査は 1920 年に実施された。第 1 回国勢調査をもとに大阪の人口動態を見ると，人口の流入についてであるが，出生地別人口表によると，同年の大阪市総人口における大阪市または大阪市外大阪府で出生した者は 560,240 人（44.7%）であり，大阪府外で出生した者が 692,743 人（55.3%）であった。既に 1920 年において，大阪市内の人口の半数以上が大阪府外で出生した者で占められていたのである。しかし，第一次世界大戦後の軍縮などの影響で我が国は経済不況に陥り，青少年はいっそう不利益な職業紹介を受けることになった。前後して起こった米騒動，世界恐慌そして思想不安という社会的背景の中で，被雇用者階層の二極化が進行した。結果，職業意識の低下も手伝い下層部の生活の低下が加速した。労使関係争議や雇用問題など我が国の近代化が直面した社会不安への対応措置として定められた「工場法」「職業紹介法」であるが，年少者の職業意識高揚としての職業指導施策が積み残された。

大阪市ではこうした年少者を保護するため 1919 年，公立施設として初めて大阪市立児童相談所で職業指導が始められた。同所は，満 20 歳未満を児童として扱い，職業指導として，学校選択，職業紹介，紹介所の指導を業務として行うことになった。

2）大阪市立児童相談所の開設

我が国の年少者に対する職業指導の成立過程に関った人物に三《さん》田《だ》谷《や》啓《ひらく》がいた。三田谷の職業指導との関わりは以下の経過をたどる。1915 年，富士川游が東京市本郷区に児童教養相談所を開設し広告に「職業の選択」を入れた。これが私設，公設を含め最も初期の職業指導とされているが，相談主任は三田谷啓であった。富士川と三田谷との関係は，三田谷が大阪医学校卒業後，富士川游の門をたたき治療教育学（現在の障害児教育学）を知ることからはじまる。三田谷は治療教育学を学ぶため 1910 年にドイツに留学し，1915 年に帰国後富士川のもとで児童教養相談所の開設を手がけるのであった。

1917 年 5 月，北垣守が児童相談所を東京市外目黒に開設した。開設趣旨に北垣は外遊の経験をもとに児童教養の研究の必要性を示した。児童相談所規程には「修学に関する件」を相談項目として進学指導を盛り込み，身体相談を三田谷が，精神相談を久保良英が分担した。しかし，翌年の 1918 年 4 月，三田谷は大阪市助役の関一《せきはじめ》から要請され大阪市衛生課防疫係医員兼技師として大阪市に赴任する。

1914年，関は大阪市の助役になるため東京高等商業学校教授から大阪市に招聘される。高商教授時代から，関は国家の近代化によって生じた労働問題や都市問題などに高い関心を持ち「工場法」の制定に貢献するなど，理論の実践化を推進していた。

三田谷の職業指導への理解は，ドイツ留学時の影響が強かった。「職業の選択（Berufsauswahl）は人生に於ける最も重要なるものの一つである。個人が最も適当の職業を選び得た場合には自己の能率を十分に発揮することが出来るから自己の発展は申すまでもなく社会に於ける利益も自ら大である。職業を選択するには父母の社会的地位財産の多少等に相関するところ少なくないが最も密接の関係あるものは，児童各個の体質，才能，興味，欲望等である」と述べ，職業選択は自己と社会の効率のために重要であり，その際には児童の個性を中心に考えるべきであるとの理解を示している。開所当時の大阪市における少年労働の実態は，学齢期にもかかわらず就学の機会を与えられず労働に従事している実態があった。

こうした年少者の救済を主な目的として三田谷は市立児童相談所の設立にむけて調査にあたった。

学務課兼務となった三田谷は，児童調査をはじめとする教育に関わる指導・調査に当たり，『児童相談所に関する報告要領』（大阪市役所）を執筆し，児童相談所設立の準備を進めた。その結果，1919年7月，我が国初の児童相談所である大阪市立児童相談所が開設された。児童相談所は大阪市救済課（1920年に社会部

図2：大阪市立児童相談所全景

となり，庶務課，事業課，職業課，児童課の４課制を敷く）の管轄であり，主な仕事として，救済係は棄児，迷児，遺児，窮民と貧民の救助，軍事救護，慈恵救済の寄付を担当しており，大阪市立児童相談所は社会事業の中の児童保護施設として位置付けられた。

3）大阪市立児童相談所の活動と閉鎖

大阪市立児童相談所は，救済を必要とした下層階級の住む地に設置された。同所が発行した『大阪市立児童相談所紀要』（1922）には，「本所は児童又は母性の健康並びに教育に関わる相談に応じ，且つ児童保護に関する調査研究を為すを以て目的とする。」と明確な設立趣旨が示された。相談の対象は満二十歳未満の児童であり，相談方法としては基本的には保護者同伴であるが，場合によって児童１人で相談する場合もあるとの記述が続く。

同所の組織は，趣旨に沿い健康相談部，教育相談部，研究部があった。教育相談部については，「児童の個性を鑑別し，個性を考察して将来の職業的動機を決定せしめ兼て余暇の利用を期するは，我国現下の社会情勢を鑑み真に適切なる急務に属する，而して児童保護施設として設置された本所に教育相談部の存立する所以」と述べ，教育相談の中心に職業相談，職業指導を置いた。

同紀要「三教育相談の方針と其実施要項」には「第三節職業指導」（pp.27-30）が明記され，職業選択及び学校選択について記されている。公的施設で職業指導が業務として明記された最初のものである。職業指導の必要については，従来の徒弟制度を引用し「徒弟たる少年に対し職業の知識と修練を授けて将来熟練せる一個の労働者として身を立てしむる責任の負担をしたのであるが現時の少年労働者にあって大に之と趣を異にし其雇主と相見ることさへ稀であり職業的教養並将来の独立に就いて何等の保証を得て居ない」とし，徒弟制度の崩壊により雇用主との関係が希薄となり，年少労働者の孤立化，職業的陶冶や将来的自立への指導の欠如を指摘した。さらに，大阪市立児童相談所では，1920 年に学園部を設置し，7 歳から 14 歳未満の身体薄弱，精神薄弱児童を各定員 20 名合計 40 名を受け入れた。学園部については，国民教育を受けることが難しい児童に生活上有効な教育を施し学術の研究に資するためと規程に記されていた，治療教育学を専攻した三田谷の趣旨が反映されており，初期の職業指導において既に障害を持った児童を対象にしていた。

さらに，職業指導とは職業に人を当てるのではなく，職業知識と修練の習得と能率的な生活の実現を職業指導の機能と捉え，職業指導の重要な要素を以下の４つにまとめている。

①児童の身体と精神に就いて其実情を考査し以て適切なる職業を選択するための基本とする。
②各種職業の調査をなし職業の本質収入利害を審にし，
③職業に対する準備の方法を調査し，
④職業紹介にて児童に取り将来有望にして而も個性に適切なる地位を紹介する。

こうした年少者職業指導の類型はまだまだ不十分であるが戦後示された進路指導の６つの活動の原型をみることができる。大阪市立児童相談所が取り扱った教育相談件数のうち職業の選択及び職業の紹介・指導に関る相談件数の内訳を，筆者（三村隆男(2005b)）は，表１のように示した。

表1：大阪市立児童相談所における職業の選択及び職業紹介・指導の割合

	1919年 (大正8年)	1920年 (大正9年)	1921年 (大正10年)	1922年 (大正11年)	1923年 (大正12年)
教育相談件数	276	1349	2438	2541	3255
職業の選択及び職業の紹介・指導	34	172	413	366	418
教育相談件数分の上記の割合	12.3	12.8	16.9	14.4	12.8

大阪市立児童相談所開設の翌年，1920年に大阪市立少年職業相談所が大阪市立児童相談所内に開設された。この大阪市立少年職業相談所は公営の施設としては日本で最初の年少者の職業相談に特化した施設であった。「職業紹介法」後設置された一般の職業紹介所が「営利職業紹介所と全く同一の観念のもとに運営せられてゐた」(大阪市社会部,1939) のに対し，少年職業紹介所の運営は，「職業選択，学校選択，乃職業紹介の事業に當り現時の如き社会の與論に指示される事無く又政府の指導を仰がず，一般市民の認識不充分の折柄よく此の難事業に従事し斯界の先駆者として啓蒙の任に努めて居たものであることを吾人は先ず銘記す可き」(大阪地方職業紹介事務局,1934) と記されているように，その精神は大阪市立児童相談所と軌を一にするものであり，両所は当初は業務のすみわけを行っていた。ところが，第一次大戦後の不況も回復の兆候がなくさらに1923年に発生した関東大震火災による経済的打撃は大阪市にも深刻な影響を与え，ついに1924年3月末日をもって大阪市立児童相談所は廃止された。

職業相談，職業指導の業務は，大阪市立少年職業相談所によって引き継がれることになった。しかし，大阪市立少年職業相談所は，1923年には市立中央職業紹介所に移転し，1924年には同所の併設機関となり独立性を失った。

こうした変遷を経て，我が国で初めて年少者を対象に職業指導を実施した大阪市立児童相談所及び大阪市立少年職業相談所は姿を消すのである。

（3）学校教育における職業指導施策

1）学校教育への職業指導の導入

こうして職業行政から始まった職業指導は，1925 年，内務省・文部省連名による通牒「少年職業紹介ニ関スル件」が職業紹介所と小学校との連携による職業紹介事業を求めたことにより学校教育へと拡大するのである。特に，連絡小学校が用語として登場し，職業紹介所が特定の小学校と連携し卒業する児童の情報を求め，職業紹介所は求人状況を小学校に提供するとの連携が明示されたことは学校教育と職業行政との連携を示した重要な出来事である。

2）訓令第 20 号の公布

当時の学校教育の実情としては，小学校では中学校入試への受験指導が過熱しており，職業につくための指導はほとんど関心が示されなかった。熾烈な受験競争による自殺者や中学校中退の問題が表面化する一方で, 職業指導の必要性は広がりを見せた。そこで，1927 年，文部省は中学校試験制度の改正をもとめた省令及び訓令第 19 号及び学校教育における職業指導を本格的に求めた訓令第 20 号「児童生徒ノ個性尊重及職業指導ニ関スル件」を出すに至った。昭和初期にすでに進路問題に関する重要な法令が複数出された意義は大きい。

文部省訓令第二十号

北海道庁　府県

児童生徒ノ個性尊重及職業指導ニ関スル件

学校ニ於テ児童生徒ノ心得ノ傾向等ニ稽ヘテ適切ナル教育ヲ行ヒ更ニ学校卒業後ノ進路ニ関シ青少年ヲシテ其ノ性能ノ適スル所ニ向ハシムルハ時勢ノ進歩ト社会ノ推移トニ照シ洵ニ喫緊ノ要務ニ属ス随ツテ学校ニ在リテハ平素ヨリ児童生徒ノ個性ノ調査ヲ行ヒ其ノ環境ヲモ顧慮シテ実際ニ適切ナル教育ヲ施シ各人ノ長所ヲ発揮セシメ職業ノ選択等ニ関シ懇切周到ニ指導スルコトヲ要ス是ノ如クシテ国民精神ヲ啓培スルト共ニ職業ニ関スル理解ヲ得シメ勤労ヲ重ムズル習性ヲ養ヒ始メテ教育ノ本旨ヲ達成スルニ至ルモノナルヲ以テ自今各学校ニ於テハ左ニ掲グル事項ニ就キ特ニ深ク意ヲ用フベシ

一児童生徒ノ性行，知能，趣味，特長，学習情況，家庭其他ノ環境等ヲ精密ニ調査シ教養指導ノ上重要ナル資料トナスコト

一個性ニ基キテ其ノ長所ヲ進メ卒業後ニ於ケル職業ノ選択又ハ上級学校ノ選択等ニ関シテハ適当ナル指導ヲナスコト

一学校ハ前掲ノ教養指導ニ関シ父兄及保護者トノ連絡提携ヲ密接ニスルコト

地方長官ハ克ク以上ノ旨趣ヲ體シ其目的ノ達成ニ力メムコトヲ望ム

昭和二年十一月二十五日

文部大臣　水野錬太郎

本訓令では，年少者の性質や能力に適する方向に向かわせるには学校における個性調査に基づく教育及び支援，更に職業の選択のための丁寧な指導（職業指導）を求めた。「教育ノ本旨」を「国民精神ヲ啓培」及び「職業ニ関スル理解ヲ得シメ勤労ヲ重ムズル習性ヲ養」うことによって達成されるとの見解を示した。後者は後の「勤労観，職業観」の概念に通ずるものがある。一方，方策として挙げられたものとしては，児童生徒理解，進路先の選択に至る職業指導，更に家庭と連携の重要性を示した。最初に示

された職業指導の在り方において保護者との連携が強調されたことは興味深い。進路の選択決定が求められた児童生徒の発達段階がその要因として考えられる。

3）訓令第 20 号から終戦までの職業指導施策

訓令第 20 号以降の職業指導の在り方を検討するため，1931 年文部省社会教育局内に職業指導調査協議会が設置された。同委員会では，15 名の委員が委嘱され 1938 年までの長期にわたり我が国の学校職業指導についての検討がなされた。協議事項は「輓近ノ経済事情ノ変化，各種職業ノ分化，産業経営方針ノ転化等ニ顧ミ，職業指導上，個性ノ伸展並ニ実際生活ニ適セシムベキ施設要項」，「一般教育ニ於テ職業ニ対スル正シキ観念ヲ与へ，職業精神ノ涵養ニ努ムルコト」や「尋常小学校ニ於ケル職業指導施設要項」など 16 項目に及ぶ諮問に対する協議をおこなった。これらはその後の学校における職業指導の指針を示すべきものであったが，1931 年の満州事変及び 1937 年の日華事変を経て時局は戦時色を強め，それぞれの答申の精神を学校教育に反映することなく戦時体制に入っていくことになる。

1938 年の国家総動員法を受けそれまで市町村立であった職業紹介所（現在の職業安定所）は同年の「職業紹介法」改正にて国営となり，国家の要請を最重視した人材の配置が急務となっていく。それは職業紹介所の名称にも反映され，41 年に「国民職業指導所」，さらに 44 年から「国民勤労動員署」と変遷するのである。

学校教育もこうした動きに呼応し，1938 年に厚生省・文部省により訓令第 1 号「小学校卒業者ノ職業指導ニ関スル件」が出され，「一層職業指導ノ強化徹底ヲ図リ学校卒業後ニ於ケル児童ノ職業ヲシテ国家ノ要望ニ適合背シムルコト」とし 1927 年の訓令第 20 号の個性尊重の精神が歪曲されることになる。さらに，1941 年には国民学校令により小学校は国民学校となった。高度国防国家体制により人材育成に重点がおかれ，翌年，文部省より通牒「国民学校ニ於ケル職業指導ニ関スル件」が出され国民学校の教育課程（実業科）に職業指導を本格的に盛り込むことになった。

その後終戦にいたるまで学校は勤労動員の労働力供給に終始することになる。職業選択においても在学中動員された事業所に就職することを盛り込んだ通牒「昭和 20 年 3 月国民学校修了者ノ職業指導及職業紹介ニ関スル件」が 1944 年，文部省から出され，学校は本来の職業指導の機能を失うことになる。

（4）職業指導の研究・実践の組織化

1921 年に開設された「職業紹介所」がそれまでの営利職業紹介機関と変わらず職業斡旋に重きを置いた一方，大阪市児童相談所からはじまる児童の職業的な成長を支援する動きは，年少者職業指導に顕著であった。こうした事実から判断すると我が国のキャリア支援の歴史は，年少者職業指導の発達過程そのものと考えてもよいのではないだろうか。ここでは戦前の職業指導の中核を担った，大日本職業指導協会についてみていく。

1）大日本職業指導協会の発足

大日本職業指導協会は，結成から終戦の 18 年間に我が国進路指導，キャリア教育の基盤を形成することになる顕著な活動を展開する。そのいくつかを以下に掲げる。

①雑誌『職業指導』発行

大日本職業指導協会は1928年1月より月刊雑誌『職業指導』を発刊し主に小学校の職業指導実践の支援にあたった。創刊年に発行された同誌7月号には，『夏季休暇利用号』と副題がつき，「夏季休業を職業指導に利用する方案の二三」，「休暇利用に関する一研究」，「休暇利用の衛生」，「休暇利用の資料」，「学童の職業経験と夏期休業」，「七・八月に於ける高等小学校の職業指導」，「暑中休暇に於ける農村職業参加」などの記事が特集されており，夏季休業を利用した職場体験が既に小学校において普及していたことを示している。

②「職業指導読本」発行

雑誌「職業指導」が教師用であったのに対し，小学校児童が職業指導の授業に使用する『職業指導読本』を1928年に発行した。内容は，「第1課　人は誰でも働く」から「第30課　天職と幸福」までの30の課に分かれ170ページに及ぶものであった。同読本は職業指導のテキストとして小学校で使用される一方，地方においては同書を底本に地方独自の職業読本が作成された。

同読本は1939年に『改訂最新職業指導読本』として新たに上下巻の装丁で改訂された。戦時色が強くなり，国家の政策として人材育成が求められたこともあり，内容も自ずと非常時における職業指導といった傾向が強くなった。

③「職業指導学習帳」発行

1934年には職業指導用のワークブックとして「職業指導学習帳」を発行した。上下巻があり，それぞれに16の課が設定されている。同帳は進路の学習の進展に合わせ各課4部構成になっている。「研究の目的」では，その課の目的が示されている。たとえば「第1課」では研究の目的が「人は誰でもそれぞれの職業に就いて活動してゐることを知るため」と示されている。「問題」では，「我が家の人々は毎日どんな仕事をしてゐるのか」とページの上段に問いが示され，下段の空欄にその答えを書くようになっている。「要項」はそれぞれの課の概要が記述され，その記述をもとに「問題」にあたるようになっている。最後の「参考」は「わが国の有業者及無業者数」（内閣府統計局）などのデータが示されている。さらに，同学習帳の使用法については雑誌『職業指導』にて毎号連載された。

④職業指導教科書の編纂

学校教育においても同様であった。1941年には学制改革により小学校は国民学校となった。高度国防国家体制により人材育成に重点がおかれ，文部省より通牒「国民学校ニ於ケル職業指導ニ関スル件」が出され国民学校の教育課程（実業科）に職業指導を本格的に盛り込むことになった。そして遂に職業指導関係者の念願であった職業指導の教科書を大日本職業指導協会が編纂することになったのである。対象学年としては国民学校高等科第1学年用，第2学年用の2冊であった。編集は初等科における職業指導との関連を重視し，実業科における増課時間または加設科目として毎週おおよそ1時間の教材として編集された。国民学校制度により義務教育が高等科2年間まで延長されることとなり，その2年間における職業指導のカリキュラム化は我が国職業指導史上，画期的な出来事であった。ただし，高等科の義務教育化は戦時下においては実現しなかった。

教科書編集は通牒の趣旨「国民学校ノ目的ニ鑑ミ高度国防国家体制ニ即応シ職分奉公ノ精神ヲ国民陶冶ノ根底ニ培ヒ以テ学校ニ於ケル職業指導ノ振興ヲ図リ進学及選職ノ指導ヲ通シ皇国ノ道ノ

修練ニ欠クルコトナカラシムル」に則って行われたが，内容は第1学年用の「第1課　働くうれしさ」から「第14課　国民のつとめ」，第2学年用の「第1課　産業戦士」から「第14課　八紘為宇」となっている。教科書の内容の普及のため大日本職業指導協会は，教師用の教科書の編纂，全国各府県で講習会を開催，さらには，『国民学校制に準拠する職業指導法の実際』（協会編，1940年），『国民学校に於ける職業指導』（増田幸一，1942年）を大日本職業指導協会から発行した。主流は労務動員として国家の要請を受けた職業指導が行われたが，同書の増田氏の記述には，「総ての場合国家が命令して『お前は何になれ』『お前はどつちへ行け』といふ事を極めるのではありません」と記しているように，時勢の中でも職業指導本来の意義も失われてはいなかった。

終戦直前には戦時色の強い『戦時職業指導教科書』（上下巻）の編集を大日本職業指導協会が手がけたが発行をまたずすべて空襲により焼尽した。

（5）職業の三要素と職業調査協議会

職業の3要素については，キャリア・カウンセリングにおいて職業的価値観を整理する上で示される概念であるが，1931年の職業指導協議会の答申によって示されたことを明らかにする。藤本昌代，池田梨恵子（2019）によると「職業社会学」を確立した尾高邦雄によって，職業の三要素とは，個性の発揮，役割の実現，および生計の維持と定義され，その後多くの職業研究者の議論の俎上に載せられたとされている。最初に職業の概念規定にとりくんだ研究は尾高邦雄（1941）であり，大日本職業指導協会（1931）の「職業トハ人ガソノ性能ニ応ジテ共同生活ノ或ル部門ヲ分担シ，之ニ参与貢献スルト共ニ，通常之ニ因テ受クル報酬ヲ以テ其ノ生活ヲ維持充実スル継続的勤労ナリ」を引用し，「職業における右の三つの要件は夫々職業の個人的，社会的及び経済的側面と考へることができよう」（p.24）としている。尾高の言及はないが引用部分は，一連の職業指導調査協議会の協議事項「一般教育ニ於テ職業ニ対スル正シキ観念ヲ与へ，職業精神ノ涵養ニ努ムルコト」への答申の冒頭の一節である。1927 年に始まった進路指導・キャリア教育の前身である職業指導における公的な調査協議会の答申に既に職業の 3 要素が示されていたのである。「職業ニ対スル正シキ観念」の求めに応じた答申においてである。戦時体制に突入する前の我が国の職業指導が職業指導調査協議会においてピークを迎えた意義は今後検討される必要がある。一方，職業の三要素については，既述のように職業研究者の議論の俎上に載せられてきたが，職業の概念を職業的価値観として心理学的に迫り，3 つの関係性を実証的に示したローゼンバーグ（Rosenberg, M.，1957）の研究は忘れてはならない。

2 戦後における職業指導，進路指導，キャリア教育の変遷

個性尊重から国策重視へ，その本質が移行した職業指導であるが，終戦を迎えその再建の道を歩むことになる。戦後は年少者の職業指導は主に学校教育が主体となるため文部省（後に文部科学省）の施策を中心にたどる。職業指導は時代の要請に応え，進路指導，キャリア教育と変遷をたどることになる。

（1）職業指導の再建：職業指導の法制化

キャリア教育は戦前と同様，職業指導の名で戦後新たな出発を

する。戦後最も早く職業指導施策の修正が行われたのは1945年12月に出された「昭和21年3月国民学校修了者職業紹介ニ関スル取扱要領」であろう。これは，戦時中に出された通牒「昭和20年3月国民学校修了者ノ職業指導及職業紹介ニ関スル件」の内容を大きく修正するもので，第一の2項に卒業者の職業指導においては「児童ノ個性特能ニ応ジタル職業配置ヲ行フ為職業指導及職業相談ヲ実施スルコト」とあり，終戦数か月後には訓令第20号の精神は職業指導に回帰するのである。その後，1946年日本国憲法の公布，続いて1947年には教育基本法（2006年改正）及び学校教育法が続いて制定された。特に憲法第22条の「何人も，公共の福祉に反しない限り，居住，移転及び職業選択の自由を有する」は，職業選択の自由が国民の権利であることを明記した部分は，戦後の職業指導バックボーンとなっている。

職業指導にとって最も大きな変化は，戦後，小学校における職業指導が失われたことである。職業指導の中学校への移管を決定付けたのは，1948年に文部省，労働省より出された通牒「新制中学校の職業指導に関する件」である。前文に「新制中学校において教育基本法及び学校教育法の趣旨に基き職業指導を行なうことになっているが，(後略)」となっており，職業指導は中学校からという見解が定着した。1947年に文部省検定教科書「職業指導」が大日本職業指導協会改め日本職業指導協会の編集で発行されたが，その表紙に，中学校用と明記されていた。

さらに，1953年には，学校教育法施行規則が一部改正され，職業指導における主任の任務を担当する職業指導主事が中学校及び高等学校に規定された。ここに戦後，職業指導を行う法整備の基盤が整ったといってよい。

（2）日本職業指導協会の活動

戦後，大日本職業指導協会は，日本職業指導協会と名称を改める。1947年には文部省検定教科書「職業指導」を，新生日本建設のために発行する。これは戦前の大日本職業指導協会時代の各種職業指導資料及び教科書編纂の蓄積があってこそ実現した事実である。

日本職業指導協会はその後も職業指導関連書籍の発行を行い，戦後，中学校や高等学校を中心に展開されることになった職業指導の教材を数多く提供することになった。

1951年には，職業指導の全国大会として，「第1回職業・家庭科教育および職業指導研究発表全国大会」を開催した。同大会は，現在，進路指導研究協議全国大会として中学校や高等学校の進路指導の全国組織と連携して継続されている。1927年に刊行された機関誌『職業指導』（1964年に進路指導と改題）も終戦年の不定期発行の時期もあったが，2007年度までの80年間，毎月定期的に発行され，特に職業指導，進路指導，キャリア教育の変遷の中で，確実な実践・研究を続け，現場の教師の教育実践に資してきた。2007年からは季刊となった。

（3）教育課程における職業指導から進路指導への変遷

1）第1期　1945年〜1957年……教科で行う職業指導

1947（昭和22）年，戦後初の学習指導要領（試案）一般編第3章教科課程には「職業科の科目については，職業科の「学習指導要領」及び職業指導の『学習指導要領』を参照して，学校の設備や生徒の希望を考え合わせて，それらに適合した科目をできるだけ多く設ける」とある。また同年の「学習指導要領職業指導編」では，「職業指導は個人が職業を選択し，その準備をし，就職し，進歩するのを援助する過程である。」としたのに対し，職業科では，農・工・商・水産をそれぞれ選択科目として示し，職業教育との関連で教科において職業指導が展開された。

なお，「学習指導要領職業指導編」では学校における職業指導の目標を 10 掲げ「適切な相談をすること」をその 1 つに位置付けた。本来の職業指導の復活の中で相談活動は重要な位置を示すことになる。

1956 年の中学校「職業・家庭科」では，教科内容により 6 つの群，即ち，農業，工業，商業，漁業，家庭の 5 群と職業指導に関る第 6 群に分けられた。第 6 群は，産業と職業，職業と進路，職業生活の分野が示された。

一方，復興から高度経済成長に移行しつつある我が国の科学技術教育の在り方が論じられ，1957 年の中央教育審議会答申「科学技術教育の振興方策」において進路指導が初めて公に使用され，翌年に告示された中学校学習指導要領をはじめ職業指導は進路指導と順次移行していくことになった。その後，高度経済成長が進行する中で進学や就職に傾注した指導へと進路指導の実態は変質していくのである。

2）第 2 期　1958 年～1968 年……特別活動で行う進路指導

1958 年の中学校学習指導要領の改訂では，「職業・家庭科」は「技術・家庭科」となり，純然たる一教科との位置付けがなされた。また，この改訂で職業指導は進路指導となり，中学校では学級活動，また高等学校ではホームルームにおける指導として明記され，主な指導者として担任が位置付けられた。

第 3 章第 2 節特別教育活動では，学級活動における「学習や進路の計画・相談の必要」や，「個々の生徒に対する進路指導を徹底するためには，適当な機会をとらえて，面接相談などによる指導を行う」など，進路指導の語句が頻繁に使用され，面接相談との形でキャリア・カウンセリングの進路指導への活用が求められた。

3）第３期　1969年〜1997年
……教育活動全体を通した進路指導への移行

第３期は戦後の進路指導が２つの大きな課題に直面した時期であった。１つは高等学校就職における就職差別，もう１つは偏差値に偏重した受験指導という，就職と進学における課題であった。両者は，職業指導が成立した際に個の教育活動の背景に存在するとされた社会正義そのものが試される課題でもあった。第３期を概観して，この２つの出来事の意義について考える。

1971年，職業指導主事が学校教育法施行規則の改正により進路指導主事と改められた。この時期進路指導主事が直面した１つの課題は根深い就職差別であった。中学校や高等学校を卒業し就職する際に用意していた当時の社用紙は就職試験において謂れのない差別を助長する温床となっていた。1973年の労働省職業安定局長「新規高等学校卒業者採用・選考のための応募書類について」には，「現在企業から独自に定めて用いている応募書類には，適性・能力と直接関係ない事項が含まれ，しかもこれらの事項を判断の資料として採否の決定が左右される場合があり，事実，片親又は両親を欠く者，心身に障害のある者及び定時制・通信制在学者等に対する差別的な扱いがみられ，とくに同和対策対象地域住民に対する就職に際しての不合理な差別の事例は後を絶たないところである。」と指摘し，全国の高等学校で就職の際に統一した応募用紙を使用する「統一応募用紙」が同年作成されたのである。森（2015）によると「社用紙に戸籍謄本や抄本の添付を求めて提出させ本籍を調査するなど，すべての国民に基本的人権の享有を保障した日本国憲法の理念に著しく反することが行われていた。さらに，身元調査や家族調査が行われてきたことによって，適性と能力以外のことで，社会的差別を受けてきた多くの同和地区出身生徒等，非差別の状態におかれた生徒の苦しみは計り知れないものがあった」と当初の状況を描写した。この頃頻繁に使用された語句として「進路保障」（職業選択の自由，就職並びに教育の機会均等を確保する視点で就職差別を解消するための取組）がある。こうした活動を通し，進路指導は人権の課題と向き合ったのであった。

1977 年の中学校学習指導要領の総則において初めて「学校の教育活動全体を通じて，個々の生徒の能力・適性等の的確な把握に努め，その伸長を図るように指導するとともに，計画的，組織的に進路指導を行うようにすること。」と，「教育活動全体を通じて」進路指導を行うことが明記された。

1989 年の臨時教育審議会第二次答申で取り上げられた「生き方」の指導をうけ，1989 年の中学校学習指導要領総則では「教育課程編成の一般方針」の 2 番目に「生徒が人間としての生き方についての自覚を深め」との文言が入り，「生き方」の教育を教育課程編成の中核として位置付けた。さらにその主体には「生徒が自らの生き方を考え主体的に進路を選択することができるよう，学校の教育活動全体を通し，計画的，組織的な進路指導を行うこと」とし，進路指導を置いた。

2 つめの課題だが，学習指導要領は本来の進路指導の在り方を示し，進路指導の実践者や研究者は本来の進路指導への回帰を求めたが，高度経済成長の中，高等学校や大学への進学率の上昇の中で，その声はかき消されていくのである。偏差値を主体とする受験指導，知育偏重教育からくる教育の人間性喪失に対する危機感は，1991年第14期中央教育審議会経過報告において「危険水域に達した」との表現がなされるまでに至った。ここで直面した中学校及び高等学校卒業時の過度な受験指導に対し，その是正が行われたのは中学校進路指導においてであった。

1992年，埼玉県教育長が中学校進路指導の際，「業者テスト」の偏差値を私立高等学校へ提供していることに異を唱え，「進路指導における偏差値の不使用を打ち出した。当時，授業時間に「業者テスト」を実施している都道府県は31に上っていた（朝日新聞，1993年1月27日付け1面）からである。教育課程上の評価とは関連のない「業者テスト」結果を使用し，事前相談により私立学校の合格を決めていたのである。通達などでその問題性を指摘したが，事実上黙認していた文部省も，時の鳩山文部大臣の下で急激に本来の進路指導へ舵を切った。1993年，文部省は「指導の転換をはかるための基本的視点」を4点示した。

1. 学校選択の指導から生き方の指導への転換
2. 進学可能な学校の選択から進学したい学校の選択への指導の転換
3. 100%の合格可能性に基づく指導から生徒の意欲や努力を重視する指導の転換
4. 教師の選択決定から生徒の選択決定への指導の転換

これらはまさに本来の進路指導への回帰を求めたものであり，中学校の進路指導は大転換を迫られることになった。進路の選択決定において授業時間に実施した業者テストの結果を使用し，非公式の中高の進路担当者同士の内輪の相談で進路が決定される行為は，本来の進路指導から乖離したものである。誰もが是正の必要性を感じていたにもかかわらず不自然な状況を温存してきた我が国進路指導史において恥ずべき時代であった。そこにメスを入れた「偏差値不提示」の改革の意義については今一度その経緯をたどり評価をする必要がある。

4）第４期　1998 年以降
……縦（小学校から高等学校）と横（地域社会及び事業所）に拡大するキャリア教育

1998 年の小・中学校学習指導要領では「総合的な学習の時間」が導入され，「(2) 学び方やものの考え方を身に付け，問題の解決や探究活動に主体的，創造的に取り組む態度を育て，自己の生き方を考えることができるようにすること。」とし，学びと生き方を結び付けた学習をねらいの１つとした。（高等学校は 1999 年）さらに総則には，これまでの進路指導の項目に加え，「生徒が学校や学級での生活によりよく適応するとともに，現在及び将来の生き方を考え行動する態度や能力を育成することができるよう，学校の教育活動全体を通じ，ガイダンスの機能の充実を図ること」と，ガイダンスの機能を新たに盛り込んだ。ここに書かれたことは進路指導そのもの意義であるが，ガイダンスの機能を登場せざるをえないところに進路指導の機能低下，本来の意義が理解されていない状況と，翌年のキャリア教育の登場を予測させる。

翌 1999 年の中央教育審議会答申「初等中等教育と高等教育との接続の改善について」（以下，「接続答申」という）において，キャリア教育という語句が初めて公に登場する。答申では「キャリア教育（望ましい職業観・勤労観及び職業に対する知識や技能を身に付けさせるとともに，自己の個性を理解し，主体的に進路を選択する能力・態度を育てる教育）を小学校段階から発達段階に応じて実施する必要がある」とされた。この答申に盛り込まれたキャリア教育の定義は，従来から示されていた本来の進路指導の定義と大きく変わるところはなかったが，答申での大きな変化は小学校段階から「主体的に進路を選択する能力・態度を育てる教育」を求めた点である。キャリア教育の登場により，これまでの職業指導，進路指導は新たな展開をすることとなる。

5）進路指導の諸活動の類型化（6つの活動）

本項「(3) 教育課程における職業指導から進路指導への変遷」での大きな成果は進路指導の活動が「キャリア・カウンセリング」を含む6つの活動に整理されたことである（文部省，1974年)。以下6つの活動を示す。

① 個人資料に基づいて生徒理解を深める活動と，正しい自己理解を生徒に得させる活動
② 進路に関する情報を生徒に得させる活動
③ 啓発的な経験を生徒に得させる活動
④ 進路に関する相談の機会を生徒に与える活動
⑤ 就職や進学等に関する指導・援助の活動
⑥ 卒業者の追指導等に関する活動

6活動は，端的にまとめると「自己理解・児童生徒理解」「進路情報の理解」「啓発的経験」「キャリア・カウンセリング」「卒業後の進路の選択・決定の支援」「卒業後の進路における追指導」となるが，それらは独立したものではなく，互いに関連し合い機能している。図3が関連を示した「進路指導の6活動の構造」である（三村，2004)。

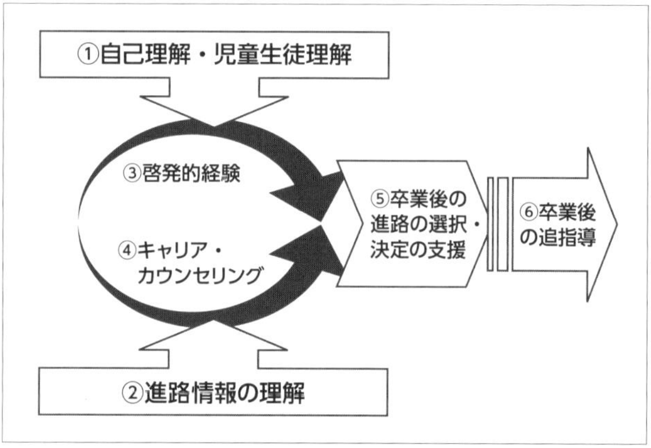

図３：進路指導の６活動の構造

キャリア・カウンセリングが他の５つの活動とどのように関連しているかを知ることは重要である。矢印が向き合っていることは，自己理解と進路情報理解は同時に起こることを示し，その活動として，体験活動やキャリア・カウンセリングがあることを示す。こうした活動は主体な進路の選択・決定につながり，移行後の適応についても追指導によって活動は続くのである。

この類型では，カウンセリング（Counseling）はガイダンス（Guidance）としての進路指導の１つの活動として位置付けられている。

（4）キャリア教育の登場と拡大

本項ではキャリア教育登場以降の我が国の進路指導及びキャリア教育の変遷をたどる。キャリア教育とそれまでの職業指導，進路指導との大きな違いは，児童生徒の職業的（進路）発達に関わる諸能力を示したところにある。

1）「職業観・勤労観を育む学習プログラムの枠組み（例）」の提示

1999 年の「接続答申」にて語句キャリア教育が公的文書で初めて登場したにもかかわらず注目されなかった。2002 年，国立教育政策研究所生徒指導研究センター『児童生徒の職業観・勤労観を育む教育の推進について（調査研究報告書)』にて，「職業観・勤労観を育む学習プログラムの枠組み（例）－職業的（進路）発達にかかわる諸能力の育成の視点から－」（以下，「キャリア発達にかかわる諸能力」という）が示された。本プログラムは，小学校から高等学校までの 12 年間の学校教育で育成すべき能力として「人間関係形成能力」，「情報活用能力」，「将来設計能力」，「意思決定能力」の 4 能力領域に分け，職業的（進路）発達を促すために育成することが期待される具体的な能力・態度としての諸項目が発達段階に応じて例示されている。例示とはいえ，小・中・高等学校における職業観・勤労観の育成をもとに主体的な進路の選択能力を育成する教育を小学校段階から始めるキャリア教育実践の拠り所となる重要なプログラム例であることには相違ない。本研究報告書では，キャリア教育との関連は明示されていないが，後にキャリア教育を開始する地域や学校にとって「キャリア発達にかかわる諸能力」は拠り所となる。

2）フリーター，ニートの実態

変化の激しい社会の中で多様な働き方の出現や，社会に適応できない若者の現象がフリーター，ニートとなって 1990 年代に顕在化してきた。当時は，正社員が働き方の基本との理解であったため，フリーター，ニートの存在が社会を揺るがす課題で，是正すべき対象のように扱われた。

フリーターの数値が世間の注目を浴びたのは，2000 年の『平成 12 年版労働白書』（労働省）によってである。ここでは，フリーターを 15 歳から 34 歳までの主婦や学生を除き，就業形態が「アルバイト」又は「パート」あるいは，無業でも仕事を希望するものと定義し，その数が，1997 年時点で 151 万人に達するとした。また，この変化を「1982 年と比べると全体では 3 倍に，年齢別にみると特に 20 ～ 24 歳が 3.3 倍になって」いるとし，フリーター現象が若年者層で急増していることを示した。更に衝撃を与えたのは 2003 年に出された『平成 15 年度版国民生活白書』（内閣府）であり，労働白書の定義に派遣社員も加え，2001 年においてその数が 417 万人に達するとした。この数値から「学生，正社員以外の主婦を除いた若年人口の 5 人に 1 人（21.2%）がフリーターになっている」とし，日本の将来を憂う問題として取り扱われるようになった。

2004 年に出された『2004 年版労働経済白書』（厚生労働省）では，フリーターとは異なった層としてニートの存在を指摘した。ニートとは NEET と書き，Not in Education, Employment or Training.（通学も仕事もしておらず職業訓練も受けていない人々）の各単語の頭文字を並べたものである。同白書ではニートの存在が 52 万人と発表した。その後 2005 年，内閣府の「青少年の就労に関する研究会」がニートを 85 万人と上方修正した。フリーターはたとえパートやアルバイトにせよ就業意欲がある一方，ニートはそうした意志を示さない点で，フリーターより深刻な課題として差別化が図られた。不登校，ひきこもりとの関連も指摘されるようになった。

キャリア教育の登場とフリーターやニートによる若者の勤労観や職業観の育成が同時期に求められたためキャリア教育の重要性が高まった。この現象が，あたかもキャリア教育がフリーター，ニート対策と捉える傾向に一部ある。しかし，キャリア教育はこれまでの職業指導，進路指導の流れの中で主体的に進路を選択するための能力や態度の育成を小・中・高の12年間を通して求めたものであり，フリーターやニート対策として捉えるのは適切ではない。

3）国家施策としてのキャリア教育

その後，2003年の若者自立・挑戦プランでは「若者が自らの可能性を高め，挑戦し，活躍できる夢のある社会」の実現をめざし，キャリア教育の推進が求められた。さらに，2004年1月には「キャリア教育の推進に関する総合的調査研究協力者会議報告書～児童生徒一人一人の勤労観，職業観を育てるために～」（以下，『報告書』という）によって，キャリア教育は「一人一人のキャリア発達や個としての自立を促す視点から，従来の教育の在り方を幅広く見直し，改革していくための理念と方向性を示す」とされ，従来の教育を見直す切り札とされた。『報告書』のもう1つの意義は，キャリア・カウンセリングを「学校におけるキャリア・カウンセリングは子どもたち一人一人の生き方や進路，教科・科目等の選択に関する悩みや迷いなどを受け止め，自己の可能性や適性についての自覚を深めさせたり，適切な情報を提供したりしながら，子どもたちが自らの意志と責任で進路を選択することができるようにするための，個別又はグループ別に行う指導援助」と定義したことである。

文部科学省における具体的な動きとして，2004年度から3か年計画でキャリア教育推進地域（全国48地域）の指定，2005年度からは，キャリア教育実践プロジェクトとして，中学校における5日間以上の職場体験を求める「キャリア・スタート・ウィーク－地域ですすめるみんなの職場体験－」が開始されるなど，キャリア教育が拡大していく。一方で，2005年から経済産業省の地域の学校におけるキャリア教育支援施策としてキャリア教育プロジェクトや厚生労働省における若者就労支援のための諸施策など様々な形でキャリア教育は，学校教育にとどまらず国家施策として拡大していった。

4）教育基本法や学習指導要領の見直し

2006年12月に行われた教育基本法改正では，第二条である教育の目標の第二項に，「個人の価値を尊重して，その能力を伸ばし，創造性を培い，自主及び自律の精神を養うとともに，職業及び生活との関連を重視し，勤労を重んずる態度を養うこと」を示した。さらに，2007年6月，一部改正された学校教育法では，第二十一条で義務教育の目標を10項目示し，そのひとつに「十職業についての基礎的な知識と技能，勤労を重んずる態度及び個性に応じて将来の進路を選択する能力を養うこと」とした。こうした中で翌2008年7月に示された第一次教育振興基本計画では，「勤労観・職業観や知識・技能をはぐくむ教育（キャリア教育・職業教育）の推進」として，「子どもたちの勤労観や社会性を養い，将来の職業や生き方についての自覚に資するよう，経済団体，PTA，NPOなどの協力を得て，関係府省の連携により，小学校段階からのキャリア教育を推進する」を盛り込み，キャリア教育の推進を強く推奨した。その結果，翌年改訂される高等学校学習指導要領にキャリア教育が示されるのである。

（5）キャリア教育の新たな定義と基礎的・汎用的能力

2009年告示の高等学校学習指導要領では「生徒が自己の在り方生き方を考え，主体的に進路を選択することができるよう，学校の教育活動全体を通じ，計画的，組織的な進路指導を行い，キャリア教育を推進すること」とされ，キャリア教育が教育課程に位置付けられた。

2011年，中央教育審議会答申「今後の学校教育におけるキャリア教育・職業教育の在り方について」（以下，「在り方答申」という）にて，キャリア教育は「一人一人の社会的・職業的自立に向け，必要な基盤となる能力や態度を育成することを通して，キャリア発達を促す教育」と再定義された。その結果「キャリア発達にかかわる諸能力」は「基礎的・汎用的能力」に代替されたのである。

「在り方答申」では，円滑な移行を意図し，152ページに「『キャリア発達にかかわる諸能力（例）』と『基礎的・汎用的能力』の対応例」を掲載しているが，「基礎的・汎用的能力」への移行についての合理的説明はなされなかった。

2011年，「在り方答申」から2か月後に出された『中学校キャリア教育の手引き』（以下，『手引き』という）は，新たなキャリア教育の枠組みが示された最初の手引きであり，「基礎的・汎用的能力」への移行が「キャリア発達にかかわる諸能力」の抱える課題を解決するものとして説明がなされた。説明の論点は以下の3つであった。

○高等学校までの想定にとどまっているため，生涯を通じて育成される能力という観点が薄く，社会人として実際に求められる能力との共通言語となっていない
○提示されている能力は例示にもかかわらず，学校現場では固定的にとらえている場合が多い
○領域や能力の説明について十分な理解がなされないまま，能力等の名称（「○○能力」というラベル）の語感や印象に依拠した実践が散見される

ただし，こうした課題についてのエビデンスは示されないまま，「基礎的・汎用的能力」への移行が粛々と進み現場は徐々に受け入れていった。その後10年以上が経過する中，多くのキャリア教育実践校の教育計画には，「キャリア発達にかかわる諸能力」に関する4領域8能力の名称が「基礎的・汎用的能力」の4つの能力に移行しただけのものが少なくないことは事実である。提示された3つの課題の検証と，その後「基礎的・汎用的能力」がキャリア教育の推進にどのように機能したかは検証すべきである。

一方，「キャリア発達にかかわる諸能力」から「基礎的・汎用的能力」への移行は，キャリア教育における，職業的価値観の涵養から，社会生活に必要とされる幅広い能力の育成へのシフトを認めることができる。

「在り方答申」では，進路指導とキャリア教育を次の形で弁別した。「キャリア教育は，就学前段階から初等中等教育・高等教育を貫き，また学校から社会への移行に困難を抱える若者（若年無業者など）を支援する様々な機関においても実践されるのである。一方，進路指導は，理念・概念やねらいにおいてキャリア教育と同じものであるが，中学校・高等学校に限定される教育活動である」と説明している。ただし，この部分は既述の2007年一部改正の小学校に進路指導の機能「将来の進路を選択する能力」を求めた学校教育法第21条との齟齬が生じてくる。

（6）平成最後の学習指導要領告示

2017年3月に小学校と中学校の学習指導要領が，翌年2018年に高等学校の学習指導要領が告示された。平成最後の学習指導要領であるが，キャリア教育・進路指導にとっても以下の4点で大きな変革がもとめられた。1つは，資質・能力の育成が求められキャリア教育の目的にも大きく関わってきたこと，２つめは，小学校，中学校，高等学校の12年間を通したキャリア教育が求められたこと，３つめは，キャリア教育と進路指導が整理されたこと，そして最後は，発達の支援において，生徒指導，キャリア教育・進路指導，学習指導がその対象として並んで示されたことである。それぞれについて述べる。

1）学習指導要領における資質・能力の登場

小・中・高等学校学習指導要領に共通することであるが，総則の部分で「学ぶことと自己の将来とのつながりを見通しながら，社会的・職業的自立に向けて必要な基盤となる資質・能力を身に付けていくことができるよう，特別活動を要としつつ各教科等の特質に応じて，キャリア教育の充実を図る」がほぼ同様の形で示されたことである。

各教科等の特質に応じた「社会的・職業的自立に向けて必要な基盤となる資質・能力」をキャリア教育で育むことが可能になることで，教育課程における包括的な「資質・能力」の伸長にキャリア教育も深く関与することができるようになったのである。

2）12年間を通じたキャリア教育の成立

1）で述べたように，小・中・高等学校学習指導要領でキャリア教育が共通して求められたことに加え，キャリア教育の要とされた特別活動では，小学校，中学校の学級活動，及び高等学校のホームルーム活動に「(3) 一人一人のキャリア形成と自己実現」の共通の語句が示されその12年間の継続性が強調された。

3）キャリア教育と進路指導の関連

1999 年，「接続答申」にて初めて公にキャリア教育が登場してから，キャリア教育とそれまでの進路指導との関連は長らく議論されてきたが，今回の中学校（2017）及び高等学校（2018）の学習指導要領の公示によってようやくそれが整理された。ここでは，高等学校学習指導要領（2018）の第 1 章総則にあるキャリア教育の記述，「生徒が，学ぶことと自己の将来とのつながりを見通しながら，社会的・職業的自立に向けて必要な基盤となる資質・能力を身に付けていくことができるよう，特別活動を要としつつ各教科・科目等の特質に応じて，キャリア教育の充実を図ること。その中で，生徒が自己の在り方生き方を考え主体的に進路を選択することができるよう，学校の教育活動全体を通じ，組織的かつ計画的な進路指導を行うこと。」で見ていく。文中の「その中で」が示すように，進路指導はキャリア教育の中でおこなわれる活動として位置付けられている。次に，両者を 3 つの観点で対比したのが表 2 となる。概観すると，キャリア教育では発

表 2：キャリア教育と進路指導の関連

	方法	目標	教育課程
キャリア教育	学ぶことと自己の将来とのつながりを見通しながら	社会的・職業的自立に向けて必要な基盤となる資質・能力を身に付けていくことができる	特別活動を要としつつ各教科・科目等の特質に応じて，キャリア教育の充実を図る
進路指導	生徒が自己の在り方生き方を考え	主体的に進路を選択することができる	学校の教育活動全体を通じ，組織的かつ計画的な進路指導を行う

達的側面が重視され，進路指導では，進路の選択決定をめざす活動が中心となる。両者の関連が整理されることで，キャリア教育と進路指導の機能を正確に捉えることが可能になった。この時点で，先に触れた「進路指導の6活動」が ,キャリア教育の中で進路指導が機能する方策として改めて意義を持つことになる。

4）学習指導要領の改訂で登場した「発達の支援」

学習指導要領で大きく動いたのは，今回の，2017年の小・中学校学習指導要領，2018年の高等学校学習指導要領の改訂で，児童生徒の「発達の支援」の概念が盛り込まれたことである。それ以前の学習指導要領では「第4指導計画の作成等に当たって配慮すべき事項」として羅列的に示されていた教育活動を，具体的な児童生徒の発達を支援する内容として整理し，関連づけた。この点についてもっともわかりやすい中学校学習指導要領を挙げて説明する。同指導要領の「第1章　総則」の「第4　生徒の発達の支援」にある「1　生徒の発達を支える指導の充実」の(1)，(2)，(3) 及び (4) についてふれる。(1) では，学級経営(高等学校ではホームルーム経営（以下，「HR経営」という))について触れ，「主に集団の場面で必要な指導や援助を行うガイダンスと，個々の生徒の多様な実態を踏まえ，一人一人が抱える課題に個別に対応した指導を行うカウンセリングの双方により，生徒の発達を支援すること」とされ，ガイダンスとカウンセリングはその対象が集団場面か個別対応かの指導の相違とされた。その他は紙幅に限りがあるため1つずつ吟味することはできないが，それぞれの項目に使用されているキーワードを中心に私の判断で，生徒の発達をささえる指導として以下の4項目を特定する。

（1）学級・HR 経営の充実
（2）生徒指導の充実
（3）キャリア教育・進路指導の充実
（4）学習指導の充実

これら４項目は「1　生徒の発達を支える指導の充実」で包括的に扱われていることから，学級・HR 経営の充実を背景に生徒指導，キャリア教育・進路指導，教科指導の充実の基盤を形成すると考えると図４になるのではないか。学級経営（高等学校の場合は HR 経営）を基盤にし，生徒指導，キャリア教育，学習指導を充実することが，児童生徒の発達を支援することにつながるということである。次に，生徒指導と学習指導との関係性は，「(2) 生徒指導の充実」に「(前略）生徒理解を深め，学習指導と関連付けながら，生徒指導の充実を図ること。」(p.25）とある。また，キャリア教育・進路指導と教科指導の関係は，「(3）キャリア教育・進路指導の充実」に「(前略）特別活動を要としつつ各教科等の特質に応じて，キャリア教育の充実を図ること」(p.25）とある。また，生徒指導とキャリア教育・進路指導との関係は『生徒指導提要』(文部科学省，2023）に，「生徒指導と同様に，児童生徒の社会的自己実現を支える教育活動としてキャリア教育があります。生徒指導を進める上で，両者の相互作用を理解して，一体となった取組を行うことが大切です」(p.15）とあり，発達を支援する指導は結果的にはそれぞれが総合的に展開されるとされている。そう考えると最終的には図５を目指すといえる。見方を変えると，学習指導において授業技術を身に付けるだけでなく，生徒指導やキャリア教育を遂行する力量を身に付けていくことこそ発達支援の基本であり，児童生徒を総合的に成長させ，結果的に効果的な学習指導が展開できるということである。

図４：学級・HR経営を基盤とし，
３つの指導が展開される

図５：３つの指導が融合し
児童生徒の発達を支援する

教育分野におけるキャリア・カウンセリングの歴史を職業指導，進路指導，キャリア教育の変遷をたどりながら見てきた。学校教育におけるキャリア・カウンセリングは学習指導と生徒指導との連携により初めて総合的な発達の支援が可能になるのである。こうした観点からすると，生徒の学習指導，生徒指導に携わる教師のキャリア・カウンセリングが最も効果的な発達の支援を実現するといえるのである。

【引用・参考文献】

中央教育審議会（2011）「今後の学校におけるキャリア教育・職業教育の在り方について（答申）」

中央職業紹介事務局（1993）『職業紹介法施行拾年』pp.94-98

大日本職業指導協会編（1938）職業指導パンフレット，第13集

藤本喜八（1991）『進路指導論」恒星社厚生閣，p.38

藤本昌代，池田梨恵子（2019）日本の社会学における2000年以降のホワイトカラー研究経緯（1）：尾高邦雄の職業社会学的視点の再確認と現代の傾向分析，評論・社会科学，130号，pp.107-141

石原孝一（1962）『日本技術教育史論』三一書房，p.16

教育研究所（1918）「大阪市学務課に於ける新計画」『児童研究』第1巻第12号，p.394

増田幸一（1942）「国民学校における職業指導」大日本進路指導協会

三村隆男（2001）明治・大正期の学校教育制度における職業指導の基盤形成に関する考察，東洋大学大学院紀要38,pp.588-567

三村隆男（2004）『キャリア教育入門その理論と実践のために』実業之日本社

三村隆男・沼津市立原東小学校（2005）『キャリア教育が小学校を変える！－沼津市立原東 小学校の実践』実業之日本社

三村隆男（2005）「わが国少年職業指導創始期における職業指導論の展開」『進路指導研究23（1）』11-22

水谷統夫（1998）「戦前・戦中の進路指導」『日本における進路指導の成立と展開』日本進路 指導協会

文部省（1949）中学校・高等学校職業指導の手引，p.26

文部省（1974）『中学校・高等学校進路指導の手引き－中学校学級担任編』

文部科学省（2004）『キャリア教育の推進に関する総合的調査研究協力者会議報告書』

文部科学省（2011）中学校キャリア教育の手引き

森均（2015）「近畿高等学校統一応募用紙の制定過程に関する実証的研究－大阪府高等学 校進路指導研究会の立場から－」『摂南大学教育学研究 11』58

内閣府（2003）『平成15年度版国民生活白書」

日本職業指導協会（1972）『日本職業指導（進路指導）発達史資料』

日本職業指導協会（1975）『日本職業指導（進路指導）発達史－文部・労働行政を中心として－」

日本職業指導協会（1977）『日本職業指導（進路指導）発達史（日本職業指導協会活動（前期）を中心として）』

尾高邦雄（1941）『職業社会学』岩波書店

大阪地方職業指導紹介事務局（1934）『自大正 12 年至昭和8年大阪地方職業紹介所沿革概 要』，p.45

大阪市（1933a）『明治大正大阪市史 第二巻』清文堂出版，p.149

大阪市社会部（1939）『職業紹介事業史 社会部報告第239号』p.25

大阪市社会部調査課（1930）『本市における不良少年少女』

大阪市立中央職業紹介所（1929）『大阪立中央職業紹介所事業要覧』社会部報告第100号，p.1

大阪市立中央図書館，前掲書，p.167

大阪市立児童相談所（1992）『大阪市立児童相談所紀要』1922 年復刻版，『児童問題調査資 料集』大空社，pp.1-2, pp.20-21

労働省（1961）『労働行政史第一巻』労働法協会，pp.164-165

労働省（2000）『平成 12 年版労働白書』

Rosenberg, M. (1957) Occupation and Values, the Free Press, Glencoe, Illinois, pp. 13-15

三田谷啓（1920）『教授衛生』同文館，p.384

芝村篤樹（1986）「解説」『関一日記－大正・昭和初期の大阪市政』東京大学出版会，p.976

津田清次（1991）「三田谷啓と大阪－児童相談所の開設－」『大阪養護教育史研究紀要第 10 巻鈴木ビネー教育法・その軌跡と実践』大阪養護教育史研究会，pp.86-87

安田生命社会事業財団（1969）『日本の児童相談：明治・大正から昭和へ』（正）川島書店，pp. 76-77

第2部
日本のキャリアカウンセリングの歴史

第6章
歴史を学ぶ意味と意義，そして未来へ

渡部昌平

1 アメリカのキャリアカウンセリングの歴史からの示唆

アメリカのキャリアカウンセリングの理論や技法は，時代や社会の変化，クライエントの要請等によりどんどん変化してきている。不足しているものは補われ，時代的に不適切なものは適切なものに改められてきている。だからこそ我々はアメリカの過去の歴史からも学び，時代や社会，クライエントに合った理論や技法を選択していく必要がある。

パーソンズやウィリアムソンはマッチング理論あるいは特性因子理論と呼ばれる理論を用いて「労働者の就職時点での能力や適性と，現にある仕事内容とのマッチング」を図っていたが，後に支援者側の主観的判断が批判され，主観性を排した客観的な視点からはホランドのVPI職業興味検査や職業適性検査などが，支援者の独断を排したクライエント中心の視点からはクライエント中心療法（のちパーソン・センタード・アプローチ）が生まれてきた。非指示療法の必要性を謳うロジャーズが指示的療法として批判したのは，まさにウィリアムソン方式であった。有名な1940年のロジャーズの「心理療法におけるいくつかの新しい発想」という発表はウィリアムソンの所属するミネソタ大学で行われ，ウィリアムソンの眼前でウィリアムソンの面接報告を批判したという（当時のミネソタ大学は「カウンセリング分野のメッカ」だったといい，平木典子先生が少し遅れて1960年代に留学されている[1]）。

1　また同時期に國分康孝先生もアメリカ留学をされており，最終的に1974年にミシガン州立大学で博士号を取得されている。なお渡辺三枝子先生は1980年にペンシルバニア州立大学で博士号を取得，楡木満生先生は1980年から81年にかけてミシガン州立大学に留学，宮城まり子先生は1997年にカリフォルニア州立大学に留学されている。

また「就職時点でのマッチング」という視点を超えて，精神分析家エリクソン等の影響を受けて発達的な概念が導入され，学校教育を含めて時間をかけて将来の仕事や人生に必要な知識や経験を準備することが意識されるようになった。キャリア（職業的）発達理論はスーパーのほか，スーパーにも影響を与えたというギンズバーグ，ハヴィガースト，レビンソン，スーパーの弟子クライツなども取り上げている。これとは別に，ローは精神分析理論を踏まえて幼児期の家庭環境や親の養育態度が本人の職業領域を早期決定するという環状モデルを提案し，ボーティンもまた精神分析の観点から職業選択の傾向の検討を行っている（渡部，2022a）。

その後，誰しもキャリア発達が順調に右肩上がりに段階を経て行くわけではないとして，危機・転機の理論をレビンソン，シュロスバーグ，ブリッジズ，ニコルソンなどが取り上げている。危機をキャリアサバイバルとして捉え，キャリアアンカー概念を提起したシャインや，プロティアンキャリア（変幻自在なキャリア）概念を提起したホール，バウンダリーレス・キャリア概念を提起したアーサーなどもいる。時期を前後してキャリア意志決定理論をティードマン，ヒルトン，ジェラット，バンデューラなどが取り上げている（渡部，2022a)。このようにアメリカのキャリア理論の歴史にも流行り廃り（歴史の流れ）があることを意識して見てみると，歴史を学ぶ必然性が見えてくるのではないだろうか。

近年ではクライエントの仕事観や人生観，価値観を引き出すための質問やワークを行う（社会）構成主義的な「ナラティブアプローチ」を志向する研究者・実践家が増えているし，それに加えて未来に向けて具体的な行動を起こすことを支援する研究者・実践家も増えてきている。ナラティブアプローチでは「これまで好きだった仕事・役割・経験」「成功体験」「尊敬する人（ロールモデル）」「好きな雑誌やテレビ番組」「好きな物語」「モットー」「早期記憶」「家族関係や家族への思い」などの質問を積極的に用いてクライエントの価値観・人生観・仕事観を明らかにするほか，ライフライン（これまでの人生を上下行する曲線で表現する）やマインドマッピング（「楽しい人生」「楽しい仕事」などの刺激語から連想ゲームをしていく），ライフロールマッピング（上司や部下，父親，夫のような各種人生役割にかけている情熱や時間をマッピングする），ツリーオブライフ（地面を自分の背景，幹を自分の性格や特長・長所，葉や実をこれまでの実績として書き出す）などのワークも多用されている。こうした仕事観や人生観，価値観を引き出す具体的なワークが最初に我が国に紹介されたのは，日本DBMが翻訳を行ったガイスバースとヘプナーとジョンストン（2002）「ライフキャリアカウンセリング」（原本は1997年刊）ではないかと思う

こうしたマッピング等のワークの効果について，デー（2019）は（1）問題や解決法を探るための作業スペースとして使える，（2）治療関係が良くなる，（3）目の前のテーマに焦点化できる，（4）より明確でシステマティックな思考の訓練になる，（5）これまでに話し合ってきたことを簡単に参照できるようになる，（6）支援者とクライアントの記憶の補助として使える，（7）新しいアイデアを思いつきやすくなり，行き詰まらない，（8）スーパービジョンを受ける際の資料として使える，などとする。

行動化の支援では，クランボルツはキャリアカウンセリングの一連の流れの中でカウンセリングの結果の評価の前に「行動を促進するものを明らかにする」「行動を妨害するものに打ち勝つ」というプロセスを置いているし（渡部，2022a），Pryor & Bright（2003）は「いくつかの可能性を生成し，試す」「失敗を

生存可能にする」「キャリア見込みを改善できるよう，結合もしくは追加を行う」などの試行錯誤を推奨する。またバーネットとエヴァンス（2017）は自分が進みたい人生や仕事を既にしている先人にライフキャリアインタビューをしてみることを勧めるなど「小さく試す」ことを推奨している。杉本・佐藤・寺澤（2022）は自分の性格や価値観，コミュニケーションスタイルの分析を行い，他人の人生から学ぶライフキャリア教育講義「自己開拓」を紹介し，勝又（2023）もまた他者へのライフストーリー・インタビューの効果を指摘する。他にもアムンドソンとポーネル（2005）や McMahon & Patton（2006）など「行動計画（アクションプラン）の作成」をキャリアカウンセリングのゴールとする欧米のキャリアカウンセリング理論家・実践家は数多い。サビカス（2015）も，キャリアストーリーインタビューを行った後に「目標を（再）設定する」「未来のシナリオを書く」「意志を行動に変える」「現実化」「決断し実行する」などの表現を用いて，クライエントの行動を促すことを述べている。サビカスは職業心理学会第２回大会の決定を引用して「キャリアカウンセリング理論は，『その問題についてクライエントは何をすることができるか』という行動問題に関わらなければならないことで合意した」とする。

巷間では「現代のキャリアカウンセリングも，昔のマッチング理論・特性因子理論と基本的には同じ」と話す実践家もいるが，上記のように現代ではクライエントの過去の経験や未来の成長という発達的視点に立ち，客観的なテストだけでなくクライエントの主観を引き出す質問やワークを行い，キャリア支援者の主観による選択ではなくクライエントの主観的選択を重視して，さらに行動化の支援までを行うという点から，「従来の特性因子理論やマッチング理論とは，そもそも背景も技法もゴールも大きく異なってきている」ことを歴史的に理解する必要がある。

またキャリアカウンセリングにおいては，自己理解・自己分析の支援だけでなく業界・企業・仕事研究あるいは啓発的体験も重要であろう。逆に言えば自己理解・自己分析で終わってしまっては元も子もない。業界や企業，仕事そのものを知るだけでなく，仕事のやり方や人間関係の在り方についても学んでいくことを支援する必要がある。第1次・第2次産業主体の「働く大人の姿や仕事内容が誰の目にも見える」時代から，サービス産業化が進み第3次産業がメインになってくると，働く大人の姿や仕事内容が子どもたちからは見えにくくなり，近年では職場体験（インターンシップ）を含む「キャリア教育」が重要視されている（後述するが，キャリア教育もアメリカの影響を大きく受けている）。ただし我が国では公立中学校での職場体験（インターンシップ）学習は実施率がほぼ100％であるものの，国立・私立中学校での実施率はそこまで高くなく，また進学校を中心に高校での実施率も決して高くはない。大学生向けインターンシップは特に近年盛んであるが，企業の都合で1日のみの会社紹介（ワンデー・インターンシップ）で終わっているところも少なくない。近年のサービス産業化の進展を考えたとき，中学・高校・大学でのインターンシップに限らず，児童・生徒・学生に業界や企業・仕事についての情報を提供する機会（あるいは具体的に調べ，発表させる機会）はもっとあっても良いのかもしれない。労働政策研究・研修機構は2004年に主要1,000職業を集めた職業レファレンスブックを出版しているし，民間でも各種の業界本，企業本，職業本が出版されるようになってきている。欧米ではデュアルシステムなど学校段階で「職場での学習」を行うことが多いという。インターンシップに限らず，ジョブシャドウイング，コーオプ教育，現場実習，アプレンティスシップ（弟子入り）などが取り組まれている。我が国の学校教育でいきなり職業現場での学習を導入するのは難しいかもしれないが，近年の産業界のニーズを踏まえれば，学校内でも個々の児童・生徒・学生が教科の学力や業界・企業・仕事についての知識を付けるだけでなく，アクティブラーニングや STEAM 教育あるいは自由研究のように「チームとして協力して成果を出す」あるいは「正解のない問題に取り組み，まがりなりにも成果を出す」教育・訓練も必要であるのかもしれない。

さらには情報・通信技術の進展により誰もがパソコンなどの情報機器を用いてインターネットに接続する社会となり，情報社会の変化に対応したキャリア教育も求められている（例えば可知・安永・塩田（2023）など)。コロナ禍以降盛んになったオンラインを利用した就職活動や企業活動にしても，今後メタバースや ChatGPT などの活用により就職活動や企業活動の流れが大きく変化する可能性がある。キャリア支援者は世の中の現在の就職活動の流れだけでなく，デジタル化の流れを踏まえてデジタル化による新しい就職活動や働き方，生活の変化などについても押さえておく必要がある。

2 アメリカにおいて使われる用語の歴史的変化からの示唆

パーソンズの死後 ,1909 年に出版された著書「職業の選択 (Choosing a Vocation)」では Vocation という単語が使われている。日本語では通常「職業」と訳されることが多いが，「天職」「神に与えられた使命」のようなニュアンスを含むとも言う（もっともこの時代の「天職」とは，農民の子は農民，職人の子は職人，商人の子は商人で「神から与えられた仕事なのだから大人しく全うしろ」という諦めのニュアンスも含んでいるのかもしれな

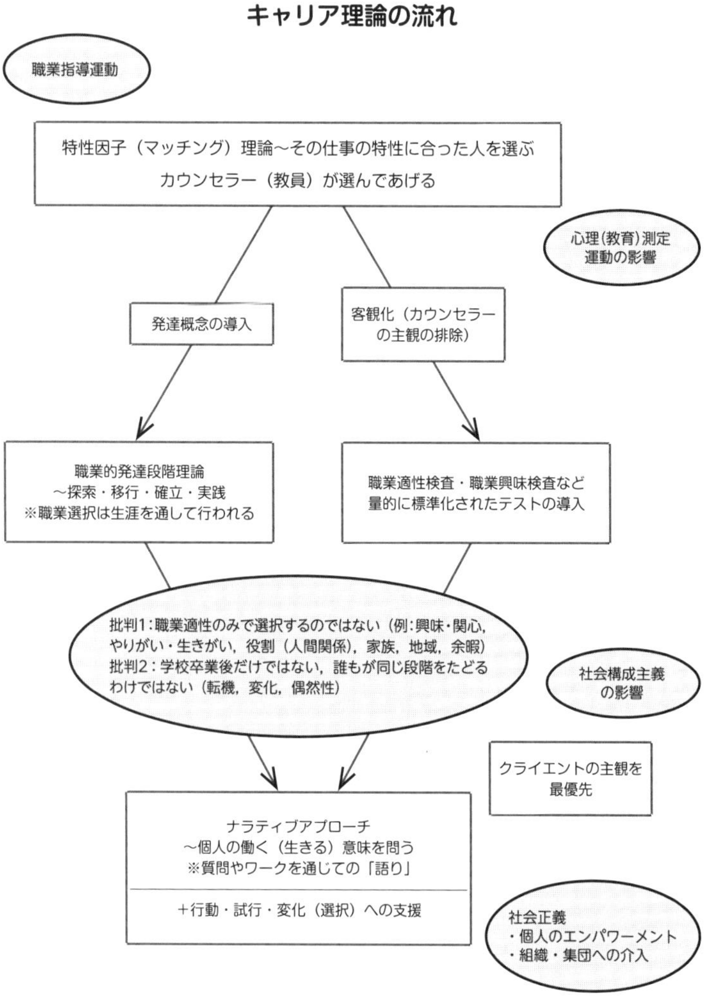

図：渡部（2022a）よりキャリア理論の歴史的流れ

い。産業革命以降，次男三男は都会に出るようになり，そこでようやく職業選択が可能となったという背景もあるだろう）。

職業指導（Vocational guidance）運動は，自分に合った仕事に恵まれず，転職を繰り返す若者たちに対する職業選択の相談・援助活動として始まり，やがて学校教育の場に広がっていく。一方，職業指導の運動開始当時は「就職時点での本人の能力・適性と仕事とのマッチング」のみを考えていたわけであるが，その後学校生活を含めて生涯にわたって仕事に関連する知識や経験・スキルあるいは態度・姿勢を学んで行くという「キャリア発達」という概念が導入され，Vocation から Career へ，Vocational choice から Vocational development，さらには Career development へと用語が変化していく（Career は「経歴」などとも訳されるように，時系列を伴う用語である）。近年では Career craft / Job craft あるいは Career construction など「自分自身で作っていく」ことを意識した用語も使われている。

職業指導（Vocational guidance）という用語も進路指導（Career guidance）あるいはキャリアガイダンスとなり，職業相談（Vocational counseling）は進路相談（Career consultation）あるいはキャリアカウンセリング（Career counseling）もしくはキャリア教育，そしてライフキャリア教育へと変化してきている。スーパーの時代がまさにこうした変化が始まる時代に当たる。スーパー，クライツ，サビカスと時代が流れていく中で，キャリア発達（Career Development）からキャリア成熟（Career Maturity），キャリアアダプタビリティ（Career Adaptability）へとキャリアの方向性を示す概念の用語も変化している。

さらに近年ではクライエントを「仕事（環境）へ適応（adapt）させる」というだけでなく，社会正義（社会的公平性）の観点からクライエントの主張を代弁するアドボカシー（advocacy）という用語も用いられるようになってきている（例えば杉原（2021）や藏岡・井出・草野・森川・大賀・上野・吉川（2022）など。アドボカシーについては後述）。これまでの「仕事（環境）に人を合わせる」支援ではなく，時代に合わせて「人に仕事（環境）を合わせる」必要性が訴えられてきているのである。

用語は用語使用者の思想や信条も表している。それまで「患者（patient）」と呼ばれることが多かった相談者を「クライエント（client）」と呼ぶようになったのはロジャーズ以降である。カウンセリングという用語を使うか○○セラピーという用語を使うかは，実践家によって異なるだろう（自分がやっていることを助言と捉えるか治療と捉えるか，あるいはクライエントを健全と捉えるか心の病気と捉えるかで，用語も変わってくる）。日本のキャリアコンサルタント資格でカウンセラーではなく敢えてコンサルタントという用語を使ったのも，資格制定の際の議論の結果である。我が国では「カウンセリング」というと心理療法を想起させるが，キャリアコンサルティングでは1対1のキャリアカウンセリングに限らずより広く組織や職場へのコンサルテーションも期待されている，とされる。

なお近年の欧米のキャリアカウンセラーは自らのことを研究者やカウンセラーとは呼ばず，実践家（practitioner）と名乗ることが多い。これはcounselが助言・勧告・忠告というような意味を持つことから避けられているのか，あるいはcounselもconsultもどちらもするという意味なのかはよく分からない。ただ実践家（practitioner）という用語は現場の医師や弁護士が使う場合が多いようであるので，「実際に現場に出て相手に対応している（机上で研究するのみではない）実践家」という意味合いもあるのかもしれない。

またブルスティン（2018, 2023）は，これまでのキャリア理論はフェミニズムやジェンダー，障がい者労働など働くことについての現代的な課題にうまく応えられていないという批判の視点に立ち，仕事やアイデンティティ，キャリア上の成功等について再定義を試み，著書の題名でも敢えてCareerではなくWorkingという用語を用いている。フアドとビングハムは，クライエントの文化に配慮した「文化的に適切なキャリアカウンセリングモデル」を提唱している（下村, 2016）。アーサー（2016）もキャリア支援者自らが自らの文化のアイデンティティを意識し，クライエントの文化のアイデンティティを理解し，その上で効果的な関係を作ることを重視する。

3 キャリア支援ツールの歴史

マッチング理論あるいは特性因子理論の客観性への批判からホランドによってVPI職業興味検査が生まれたが（ホランドの職業選択理論についてはホランド（2013）が詳しい），我が国でも労働政策研究・研修機構が日本版VPI職業興味検査を作成し，現在第3版が使用されている。その他，厚生労働省編一般職業適性検査（GATB），職業レディネス・テスト（VRT）などの標準化された客観テストも作成・市販されている（なお民間就職支援サイトでも適職探索支援ツールが公開されている場合があるが，こうしたツールは作成の経緯や背景となる理論，作成に利用した対象者の概要・対象者数・統計手法などが明かされていないことが少なくなく，個人的にはそうした根拠が明らかでない支援ツールを用いることに，キャリア支援者はもっと敏感であってもいいのではないかと考えている）。

またアメリカのナラティブアプローチ研究者・実践家が用いている職業カードソートについても日本語版が開発されており，労働政策研究・研修機構がOHBYカード，VRTカードなどを公開しているほか，民間でもハタカチカード，ハピキャリキット，リフレクションカードなどが市販されている。ナラティブアプローチ実践者はカードソートに限らず，前述のライフラインやマインドマッピング，ライフロールマッピング，ツリーオブライフ，さらにはアイデアルデイ（通常の1日をどう過ごしたか振り返り，その中で楽しい・充実した時間を考える）や20 things（やりたいことを20個書き出し，その傾向を考える），5 Lives（5つの全く異なる人生を歩めるとしたら，どういう人生を過ごしたいかを問う），その他各種チェックリスト（価値観リストや興味・関心リストなど）も用いている。こうした各種の質的キャリアアセスメントツールの種類や内容については，渡部（2015）が詳しい。大量のデータを用いて客観的に「標準化」された職業興味検査（従来はフォーマルテストと呼ばれていた）から，こうした質的キャリアアセスメント（従来はインフォーマルテストと呼ばれていた）のほうが用いられるようになってきた時代背景について，下村（2013）は「キャリアガイダンス論の問題関心は，人と職業のマッチングをいかに支援するかというよりは，むしろ人がキャリアを作り上げることをいかに支援するかという方向に変わって」きたからだとする。「変化が激しいキャリア環境下においては，テストに回答させ，客観的な数量によって適職や適性を判定し，適切なマッチングに向けて診断を下すというアプローチに限界」があり，「テストとは違った形で，本人の主観的なストーリーを引き出し，自分なりの方向性を表出させ，自分なりにキャリアをコンストラクトしていけるように協力するというアプローチが望ましい」と考えられるようになったからである。

さらに近年では，スゴロクの形式を利用して，過去の学校生活を振り返らせる人生すごろく金の糸（日本キャリア開発協会）や未来の職業生活をイメージさせるキャリアシミュレーションプログラム（労働政策研究・研修機構）なども公開されている。

また従来からある職業興味検査や職業適性検査についても，パソコン上で利用できるキャリア・インサイトというソフトが2004年に開発され現在も購入が可能であるが，こうした検査は近年，インターネット上に移行しつつある。実際，既にインターネット上で実施できる職業情報提供サイトjobtag（日本版O-NETとも呼ばれる）https://shigoto.mhlw.go.jp/Userが公開されている。jobtagでは同時に職業情報も提供されている。また同様に，「マイジョブ・カード」サイトhttps://www.job-card.mhlw.go.jp/でも自己診断として興味診断・スキルチェック・価値観診断の３つのテストが公開されている。

その他，厚生労働省のホームページ上では，若者向け・女性向け・中高年向けのキャリアコンサルティング用に用意されたツールが公開されるなど（https://www.mhlw.go.jp/stf/seisakunitsuite/bunya/koyou_roudou/jinzaikaihatsu/career_consulting_gihou.html），近年はインターネット等を通じて具体的なキャリア支援ツールが利用しやすく普及するようになってきている。キャリアカウンセリング研究者・実践家はこうした新しいツールについても敏感であって良いのではないだろうか。

4 我が国のキャリアカウンセリングに影響を与えた歴史の流れ

これまでの記述でも分かるとおり，我が国のキャリアカウンセリングの歴史はアメリカから大いに影響を受けていると言える。

例えばSenzaki（1991）は，教育分野での影響として1915年に入沢宗壽によって伝えられたアメリカの職業指導運動が我が国でも漸次普及・展開をしながらも昭和初期からの戦時体制によって次第に変質していったこと（この時期に後に述べる北方教育も衰退してしまう），1960年代にSuper,D.E.が2度にわたって来日して実証的リサーチを踏まえた職業発達理論を伝えたこと，1970年代のアメリカのキャリア教育施策から日本が影響を受けたこと，同様に1980年代以降のアメリカの生涯学習施策から日本が影響を受けたことなどを指摘する。その間，戦争の影響，進駐軍としてのアメリカの影響，そしてアメリカから情報が入ってくるタイムラグ，アメリカと日本の文化や制度の違いも影響したことであろう。

またアメリカからの影響以外でも，我が国の労働分野の制度や環境の歴史で言えば，江戸時代には既にあったという「人貸し」「口入れ」などの人材斡旋はピンハネなど労働者の不利益も多く，戦後の1947年には職業安定法により労働者供給事業として原則禁止された（この辺りの職業安定行政史については中島（1988）や神林（2000，2009），濱口（2015，2017）などが詳しい。また我が国の雇用システムの歴史については労働政策研究・研修機構編（2018a，2018b）が詳しい）。

それ以降の我が国の労働力需給調整は長く公共職業安定機関と文書募集（新聞や雑誌など），縁故が中心であった（労働力需給調整機関には該当しないが，他に企業等の直接募集がある）。しかしアメリカで行われていた業務請負が我が国でも導入・普及するようになり，雇用と指揮命令の明確化が必要となってきた。そこで1986年に労働者派遣法が成立し，労働者派遣をしていい職種がリスト化（ポジティブリスト）され，のち1999年には労働者派遣法の改正により労働者派遣をしてはいけない職種がリスト化（ネガティブリスト）されるなど労働者派遣事業が拡大してきた。また有料職業紹介事業も同様の理由で制限され（ILO（国際労働機構）は1919年の条約で営利職業紹介の禁止を明文化している），1999年の職業安定法の改正まで一部のヘッドハンティング会社しかないような状況であったが，その後市場のニーズもあって急速に拡大していくこととなる（一方でアメリカより厳しいと言われる解雇規制は，引き続き我が国の労働者やキャリア支援者の行動にも影響を及ぼしているかもしれない）。2019年の入職経路でいうと広告（文書募集）が33.6%，縁故が25.1%，ハローワークが18.2%，その他が11.1%，学校が6.7%，民間紹介事業者が5.2%となっている。過去には高収入のホワイトカラー層にほぼ特化していた民間紹介事業者が年収の下限・職種の拡大をしてきたこと，広告のネット化（紙媒体の減少），求人「まとめサイト」の出現，ネット等による企業のダイレクト採用の増加などが指摘されている。そして当然の結果として求職者自身もインターネットを利用して就職活動をする求職者が増加している。大卒就職市場では9割以上がインターネット経由のエントリーシート提出である。

こうした時代や制度の変化に合わせて，従来の「終身雇用」を前提とした雇用体系が変化し，ホワイトカラーでも転職者等が増加してきているし，非正規労働者も増加し続けている。そうすると転職先や派遣先選びの支援も増えるであろうし，また企業側としても在職者に対して（退職防止の意味も含めて）中長期的にキャリア形成支援を行っていく必要が増えてくることとなるだろう。従来のような大量生産・大量消費の時代から多品種少量生産になる中で，従来のような定型的な研修や教育では不足してきたために自己啓発を含めた「従業員個人の積極的なキャリア形成支援」が必要になってきたということもあるだろう。時代の変化の中で，近年は労働者個人個人に自主性や自律性，自主的な学習が求められるようになってきている。

1985年制定の男女雇用機会均等法，1992年に単独の法律となった育児休業法（1995年に育児・介護休業法に改正）あるいは2005年制定の次世代育成支援対策推進法などの影響もあるだろう。労働基準法の労働時間制限や時間外労働の割増賃金，最低賃金法による最低賃金の引き上げなども企業や労働者の行動に影響を及ぼしたことだろう。あるいは「パート年収の壁103万円」の影響もあるだろう。

また公共職業安定機関は従来ブルーカラーの転職に力を発揮していたが，1966年からはホワイトカラー管理職の就職を斡旋する人材銀行（最大26施設。2016年に廃止），1980年頃から設置されだしたパートやアルバイトの斡旋を中心とするパートバンク・パートサテライト，1991年からは女性の就職を支援するレディースハローワーク（のちマザーズハローワークおよびマザーズコーナー），さらには都道府県が所管し若者の就職支援を行うジョブカフェ（2004年～），民間に委託してニートの就職支援を行っていた若者自立塾事業（2005年～。2010年に国の事業としては廃止），現在も継続する地域若者サポートステーション事業（2006年～）などがある。さらには訓練前にキャリアコンサルティングを行うこととされている公共職業訓練（国や都道府県が実施するもののほか，民間企業に委託して実施する委託訓練もある）も，我が国のキャリアカウンセリングの歴史においては一定の役割を持ってきたと言えよう。実際，旧雇用・能力開発機構（現高齢・障害・求職者支援機構）は，日本のキャリアコンサルタント制度導入時期に多数の人材を育成・輩出している。

個人を取り巻く環境を見てみても，産業構造の変化や景気の変動，家族構成・家族関係・人間関係の変化，少子高齢化や高学歴化，グローバル化やIT化による社会の変化など多くの変化が急速に起こってきている。

キャリアカウンセリングの理論や技法が時代とともに変化するように，国の法令や制度も時代とともに変化し，キャリアカウンセリングが必要な対象者あるいは国や自治体が支援対象とする対象者やその支援内容も常に変化してきている。そうした制度的な歴史の流れを知っておくことも重要である。

5 近年の我が国の動き

近年，我が国のキャリアカウンセリングやキャリア教育の分野では「社会正義」「心理的安全性」などの用語が用いられることが増えきてている。パーソンズが社会正義として始めた職業指導運動が，いま現代になって改めて脚光を浴びているのである。

下村（2017）は海外の文献ではよく出てくる「社会正義」という用語が我が国の議論では出てこないと指摘したが，その後下村（2020a）などがきっかけとなり，2021年度の日本キャリア教育学会の研究セミナー（テーマ：キャリア教育と社会正義）につながったとされる（浦上，2022）。またこの研究セミナーを踏まえ，2022年には「キャリア教育研究」誌上で社会正義についての特集が組まれ，2号に分けて6本の依頼論文が掲載されている。日本キャリア教育学会は2018年の日本キャリア教育学会40周年ミッション・ステートメントの中に「社会正義」の文字を加えている。また2022年度の日本キャリア・カウンセリング学会の大会シンポジウムも「希望，正義，物語（ナラティブ），今，私たちができること」というテーマで開催されている。

心理的安全性については，2021年度の日本キャリア教育学会の大会での会員企画シンポジウム「キャリア教育と心理的安全性」，2022 年度の日本キャリア教育学会の大会テーマおよび大会企画シンポジウム「キャリア教育と心理的安全性」，他に宮本・池田（2022）などがある。

また他にも，近年ではジェンダーや LGBTQ 等への理解や支援，ダイバーシティ（多様性への配慮）等も多くテーマとして挙がっている。例えば北海道大学人材育成本部ダイバーシティ研究環境推進室（2022）は「女性特有のライフイベントとキャリアの両立：男性も知っておきたい，リプロダクティブ・ヘルス／ライツ」というハンドブックを印刷・公開している。性的マイノリティに対するキャリア支援については，岩﨑（2021）などがある。

需給調整分野あるいは企業分野では「仕事と家庭の両立支援」「治療と仕事の両立支援」「ワーク・ライフ・バランス」「ジェンダー・ギャップ」などの課題が語られることが多くなっている。例えば公衆衛生 85 巻 1 号（2021）では，特集として「病気の治療と仕事の両立支援－キャリアを諦めないために」が組まれている。企業の運営効率を上げていくためには，従来のように男性正社員を会社に長時間拘束するような仕事のさせ方では，今後は持たないようになるだろう。少子高齢化や核家族化の中，女性や高齢者，障がい者などあらゆる労働者層に気持ちよく（ちょうどよく）働いてもらう工夫が必要となってきている。日本の会社特有の転勤や昇進，給与や福利厚生のジェンダー格差なども問題となってこよう。馬・乾・児玉（2017）は，管理職における男女格差について，経験年数など以外に差別的取扱があることを示唆している。

教育分野では，キャリア教育からライフキャリア教育への移行あるいは社会正義の視点の必要性が指摘されている。例えば前田（2020）は，欧米では社会正義や社会的公正を志向するキャリア教育への関心が高まっており，我が国でも公共性の涵養など社会正義を志向する新たなキャリア教育が必要だとする。また原田（2021）はシチズンシップとキャリア，酒井（2021）は地域共生とキャリアについて大学生に考えさせることを提案している。さらに下村（2020b）は大多数を占める「一般的な生徒」から外れてしまう生徒への個別支援の必要性を指摘し，カウンセリングとエンパワメントとアドボカシーの必要性を訴える。エンパワメントとは「権限を与える」「自信を与える」「力をつける」というような意味で用いられることが多いが，ここでは「勇気を与える」「応援する」という意味合いが強いように個人的には考える。またアドボカシーとは擁護・代弁，指示・表明を意味する用語で，社会的弱者の権利を守る／主張を代弁するというような意味で用いられている。アドボカシーについては，日本キャリア・カウンセリング学会（2022）でも複数の項目で取り上げられている。また渡部（2022b）は単に社会や企業の理解あるいは自己分析方法について情報提供し本人の仕事観を明確にするのみならず，これまでの経験を踏まえて本人の人生観や家族・市民観を明確にすること，グループワークや職業講話等の企画を通じて他者の仕事観・人生観についても知る機会を提供すること，本人の強みや長所を見付けることを支援すること，将来の可能性を広げるための教育やプログラムに関する情報を提供すること，学習や行動を継続することをエンパワメントすること，人間関係形成能力や日常生活を充実させる計画立案や行動を支援すること，未来の変化を予想しその中に自分をどう位置付けるか検討することを支援すること，支援後のフォローアップなどの必要性を指摘する。さらに下村・高野（2022）はデンマークのグリーンガイダンス（経済成長のみに囚われず，持続可能性や環境に配慮したキャリア教育）を紹介する。なお下村によると，グリーンガイダンスを提唱するPlantはナラティブアプローチなどのポストモダンアプローチに対して批判的だという。日本キャリア・カウンセリング学会も2022年に発表した将来構想の中で「幸福かつ持続可能な社会づくりに貢献する」ことを謳っている。SDGs（持続可能な開発目標）も近年よく取り上げられるテーマの1つであろう。京免（2016）も持続可能な社会の創造に向けたキャリア教育の必要性あるいは可能性を訴える。その他にも消費者教育や金融教育の必要性を訴える向きもある（例えば堀井（2022），松井（2022），三宅（2017）など）。

一方で，用語の歴史的変化の項でも述べたが「職業（人生）選択の自由」を謳歌できない層も存在する。我が国の中卒市場では理容・美容業，建築業，サービス産業程度でしか求人がないし，日本語ができないことで就職できない分野は少なくない。ブルスティン（2018）は働く人すべてに尊厳ある仕事が与えられるべきとし，これまでのキャリア理論ではフェミニズムやジェンダー，障がい者労働など働くことについての現代的な課題にうまく応えられていないとして，新たに「ワーキング心理学」という概念を提案している。ジェンダーについて言えば，安達（2022）は男性の9割以上が仕事継続型の将来を選択するのに対し女性では4割程度（4割強は子育てによる一時中断・復職型，1割強が子育てによる中断型を選択）であったこと，将来の配偶者には女性は9割以上が継続型を期待し男性は4割強が継続を期待（4割弱が子育てによる一時集団・復職型，1割強が子育てによる中断型を選択）したことを報告し，不平等に対して抵抗していく手立てを身に付けさせるキャリア教育が必要だとしている。また安達は「男は仕事」「男は稼ぎ手」とする男性自身のジェンダー観や規範意識等にも働きかけるべきだとする。高丸（2022）は女子大学生が結婚や出産に向けて周到に準備しようとしている，あるいは家族の世話役になることを自認しているのに対して，男子大学生は純粋に職業生活におけるキャリア形成を意図しているとし，女子大学生自身が内面化しているジェンダーバイアスの呪縛から解き放つ必要性を訴える。小林・高中（2019）は業界別ロールモデルの確立と，結婚・出産・介護などのライフイベントを含めたキャリアパスを教える必要性を指摘する。その一方で男女別の（あるいはジェンダー格差に対応した）キャリア教育を行っている学校は，決して多くはないのではないだろうか。そこではborn free運動（主に女性やマイノリティの意識改革）を進めたハンセン（1997）の統合的ライフ・プランニングが参考になるかもしれない。また社会学者ブリントン（2022）は日本人の多くが「稼ぎ手の男性と妻，少なくとも子ども1人」という家族の姿や社会的役割規範に縛られていることを指摘し，硬直的な社会規範を和らげる必要を訴える。こうした現代的課題についても，キャリアカウンセリング研究者・実践家は敏感になる必要があるのではないか。

6　アメリカ以外の国からの示唆

アメリカは世界的に見てもキャリアカウンセリングやキャリア教育の先進国であり，日本の公教育で教えられている英語で情報が収集でき公開情報も多いことから，我が国においてはいかんせん他国よりも情報が多い。キャリア・カオス理論で知られるオーストラリアのブライトとプライアー（中村，2007，2018）やカナダのアムンドソン（2005，2018），ピーヴィー（榧野，2008，新目，2016），コクラン（2016）などは英語圏のためアメリカに遅れて少しずつ紹介されてきてはいるが，英語圏以外の紹介は近年手がついたばかりと言えるかもしれない。それでもグローバル化，インターネット社会の進展の中で，我が国にも情報が少しずつ入るようになってきている。

例えば下村・高野（2022）は，デンマークのPeter Plantのグリーンガイダンスを紹介する。Plantは従来のキャリア理論がより豊かになること，より成長することのみを重視することを問題視する。Plantはインドのキャリア発達論をよく引用するそうで，インドのキャリア発達論では（1）学習の段階，（2）家族や個人的なキャリアを追求する段階，（3）個人的利益のためではなく，社会に奉仕する段階，（4）人類へ奉仕する段階の4段階に分けられるという。Plantはこうしたインドのキャリア発達理論を高く評価し，西洋的個人主義であるスーパーのキャリア理論やロジャーズのクライエント中心アプローチをも批判する。自身のグリーンガイダンスが指示的・示唆的であることを肯定しつつ，個人も含む環境全体を視野に入れ，個人と環境のどちらも幸福になることを目的とするグリーンガイダンスの方が，よりクライエント中心であると主張する。

また下村（2023）はフィンランドのキャリア研究家ケットゥネンのCo-Careering（SNS上のグループに対するグループキャリアカウンセリングとそのファシリテーション）を紹介し，デジタル技術のキャリア支援への活用を紹介する。

他にも労働政策研究・研修機構（2014）が行った欧州職業訓練開発センター（CEDEFOP）が作成した文献の翻訳や京免（2016）等が取り上げるフランスでのキャリア教育の紹介，藤田（2021）のフランスのキャリアカウンセリングの紹介あるいは新目（2021）による「New perspectives on career counseling and guidance in Europe」の紹介など，近年ではアメリカ以外の実践や理論・技法についても少しずつ紹介され始めている（例外的に日本進路指導協会（2006）進路指導４月号の特集「キャリア教育の我が国の動向と欧米派遣調査ヨーロッパ編」が早くに刊行されている。また日本キャリア教育学会編（2008）でも，ページ数は少ないが「諸外国におけるキャリア教育の動向」としてアメリカ・ヨーロッパ・アジアを取り上げている。なお同書は2020年に改訂され，アメリカ，フランス，ドイツ，イギリス，カナダ，中国，韓国のキャリア教育を取り上げている)。またアーサーら（2021）はオーストラリア，カナダ，イギリス，フィンランド，オランダ，ニュージーランド，南アフリカ，アメリカの４大陸９カ国の著者によるものであり，こちらも今後の我が国のキャリアカウンセリングの発展の参考になることが期待される。

アメリカの理論や技法は，アメリカの歴史や文化の下に成立している。とすれば，我が国でもアメリカだけでなく各国の理論や技法を学び，我が国の歴史や文化（あるいはクライエントの文化）に合わせた理論や技法を選択していく必要があるのではないだろうか。労働政策研究・研修機構（2016）は2015年に開催された労働政策フォーラム「国際社会におけるアジアのキャリア教育」をまとめ，アジアまたは東洋独特のキャリアガイダンス・キャリア教育を考える必要が生じている可能性があるとして，アジアとヨーロッパ・アメリカのキャリアガイダンス・キャリア教育の共通点・相違点，さらにはキャリア教育の普遍性，普遍的な価値といった論点について考察している。

インターネット社会となり，一般人（あるいは研究者ではない実践家）でも上記のような論文等をインターネット上で無料あるいは安価で入手できるようになってきている。また翻訳ソフト・アプリも日々格段の進化を見せている。キャリアカウンセリングの研究者・実践家は，理論や技法の研究をするしないにかかわらず，書籍や論文，インターネット等も活用して国内外の情報に触れ，自らの実践を振り返り，他のキャリア支援関係者と情報・意見交換をしていく必要があるのではないだろうか。

7 歴史を学ぶ意味・意義

歴史を学ぶことで，これまでにキャリアカウンセリング分野ではどんな課題があり，どんな議論があり，どんな批判の下にどんな新しい理論や技法が開発・紹介されてきたかを理解することができるようになる。自分の知識や実践の過不足を補うことができるのである。ニュートンは，自分が法則を発見できたのは「巨人の肩の上に立ったから」（＝自分の前に，先人の積み重ねた知見があったから）と説明したそうだが，我々が現在，曲がりなりにもキャリアカウンセリングやキャリア教育ができているのも，これまで先人が遺してくれた知識や経験があったからである。中には戦時体制下で歴史に埋もれてしまった北方教育（生活綴方教室で有名）などの取り組みもある。三村（2013）は北方教育の進路指導・キャリア教育的視点を取り上げ，生徒自身が「書くこと」の効果を指摘する。こうした戦時体制下で埋もれた「歴史」は，もっと掘り起こされても良いのではないだろうか。

歴史を学ぶとは，「過去を学ぶ」ことだけではない。過去の先人が過去の課題に応じて理論や技法をブラッシュアップしてきたように，現代の我々も現代の課題に応じて理論や技法をブラッシュアップしていくことができるし，そうしていかなければならない。謂わば未来に向けて常に改善を求めていく必要性を気づかせてくれるのである。歴史を学ぶとは，過去の出来事（理論家名や理論，技法）をただ暗記することではなく，過去の歴史を学んだ応用として「よりよい未来を考える」ことでもある。過去を学んで終わり，ではなく，研究者・実践家であるからには生涯を通じて学び，改善する姿勢を持ち続けなければならない，と個人的には考えている。安達（2022）は Prilleltensky & Stead（2012）を引用して「キャリア相談のプロセスにおいて，支援者とクライエントは，現状を受け入れてそこに適応（adjust）していくのか，それとも，現状の問題を改善すべく抵抗（challenge）するかのジレンマ，すなわち“adjust-challenge dilemma”を抱えるものであるが，残念なことに多くの支援者は不公正や歪みに満ちた組織や社会を知りながら，抵抗という選択肢はとらず現状に適応するためのサポートしか行ってこなかった」のではないかと批判する。近代化以降の日本社会における教育の職業的意義が経済や産業に人々を適応させる側面のみを強調させ，それにつられてキャリア支援者もクライエントの代弁者として必要な声を上げてこなかったのではないか，という指摘である。社会がどうあるべきか，社会的弱者の声をいつ誰が代弁すべきか，我々キャリア支援者がもっと考えるべき視点ではないだろうか。アーサー（2016）は，キャリア支援者による異文化理解と社会正義の実践を強く主張している。個人で実行できないことでも，個人が声を上げることはできる。問題意識を持つ者同士で連帯することはできる。連帯して声を上げることで，社会や企業を変える可能性は少しでも上がるのではないか。

8 キャリアカウンセリングやキャリア教育の実施方法等の再検討

これまで述べてきたように，キャリアカウンセリングやキャリア教育の実施内容（あるいは理論や技法）は時代に合わせて再検討を行う必要がある。それと合わせて，実施方法や実施時期も再検討の余地があるかもしれない。

渡部（2022c）は，従来のカウンセリングが専門家の間で「専門家たるカウンセラーが，カウンセリングルームなどの特定の場所で，クライエントと1対1で行うもの」との認識が強く，専門家たるカウンセラーは相談室等に常に在席してクライエントが自主的に来るのを「待つ」姿勢が強かったことを指摘する。もちろんキャリア教育や就職ガイダンスでは教室等における集団的な取り組みも行われているが，支援者が情報提供を行い被支援者は受動的にそれを聞くだけというスタイルも多かったのではないだろうか。渡部（2022c）は，カウンセリングとは「専門家たるカウンセラーが」「相談室等で」「クライエントと1対1で」行うものに限らず，同級生や同僚などによるピアカウンセリングもあり得るし，メールやスマホやオンラインコミュニティなど相談室内に限らない相談，グループカウンセリングや集団教育的な取り組みもあり得るとする。保護者など関係者を巻き込んだグループワークもあり得るかもしれない。

就職ガイダンスにしても，ただ受け身で受講させるだけでなく「リアルタイムで返答・返信させる」「個人ワークやグループワークを行う」「宿題を出す」など能動的な参加を促すことが考えられるだろう。受け身の講義ならば，オンデマンド映像でも十分だろう。また就職活動時期直前のガイダンスや就職支援だけでなく，企業のキャリア形成支援のように中長期にわたる人生設計支援（あるいは学校生活／社会生活定着支援）も考えられるだろう。近年，産業界のニーズに応じて創造性を育む教育としてSTEAM教育（Science，Technology，Engineering，Arts，Mathematicsの分野横断的な学び）や企業におけるDX（デジタルトランスフォーメーション）人材の育成が注目されているが，こうした教育や概念もキャリア教育の参考となるかもしれない。近年の金融教育や消費者教育なども参考になるであろう。

キャリア支援者はただ漫然と従前の方法で従前と同じ時期にカウンセリングやガイダンスを提供するだけでなく，時代の変化やニーズに合わせて支援方法や支援内容についても逐次ブラッシュアップしていく必要があるのではないだろうか。

9 更なる資格・知識・スキルや人脈の拡充

2002 年に厚生労働省の旗振りで始まったキャリアコンサルタント民間資格取得者養成（標準カリキュラムの制定）は，2016 年には国家資格化という形で完成形を見ることとなった。しかし，外国人のキャリア形成支援を行うとすればキャリアコンサルタント資格だけでなく当該外国人の使う言語や日本語教育能力があるに越したことはないし（ビザ申請の取次をするとすれば行政書士資格なども必要となるだろう），ライフキャリア教育に金融教育や消費者教育あるいは市民教育を追加するとすれば例えばファイナンシャルプランニングや消費生活相談など該当する知識やスキルがあったほうが良いだろう。DX 人材の育成や配置に関係する業務に就くのであれば，自らも IT パスポートや基本情報処理技術者等の資格を持っていたほうが仕事内容をイメージしやすいかもしれない。仕事と家庭の両立支援や治療と仕事の両立支援あるいはダイバーシティの支援をするにしても，それ相応の知識とスキルを必要とするであろう。若年者や女性，中高齢者，障がい者等の（再）就職支援を担当するならば，それぞれの対象が置かれた立場や気持ちを知っているに越したことはないし，それぞれの求人ニーズを把握しておく必要もあるだろう。ライフキャリア形成支援に焦点を当てるとするならば，仕事面やファイナンシャルプランニング面以外にも料理や家事，収納，インテリア，相続，終活などの知識や経験，人脈があっても良いかもしれない。

もちろんそれらの資格や専門知識・スキルが必ず全て必要になるというわけではないが，少なくとも自分が専門とする特定分野についてはキャリアカウンセリング全般の知識だけでなく特定分野の知識やスキルを積み，必要に応じて他の専門家にリファーするだけの人脈を形成しておく必要がある。

資格制度や専門分野が細分化・高度化されている現代だからこそ，自ら複数のライセンスを取得したり他の専門家との人脈を意識的に形成したりすることで，クライエントに対して受け身とならない準備・対処が期待される。著者も２級ファイナンシャルプランニング技能士や日本語教育能力検定，IT パスポートなどの資格を有するが，キャリアコンサルタント資格等の更新のみならず，専門の特定分野に関しての知識やスキルのブラッシュアップも必要なのではないだろうか。

10　まとめ

既に述べてきたことであり過去にも多くの指摘がなされていることであるし，また比較的多くの人間にとって「収入を得る仕事」が人生で大きな位置を占めることは否定できないが，就職（仕事，給与，昇進など）のみが人生のゴールではない。また著名企業・大企業への就職が人生の成功とは限らない。合わせて近年の流れで言えば，人生 100 年時代，定年退職も人生のゴールではない。クライエントにとっての「人生の成功」の定義を改めて考える必要があるし（それはキャリア支援者のそれとは明らかに異なる)，そこに向けていつ（までに）何をするか，どんな資源があってどんな障害があるのか，最終的にどうなりたいか，そしてそこに向けて本人はいつどこで何をし，キャリア支援者に何が支援できるのかを考えていく必要がある。人生の段階（危機）ごとに，仕事以外を含めたキャリア形成をその都度設計し直していく必要がある。

内閣府（2020）によれば，健康状態，困った時に頼りになる人の有無，交流の有無，趣味・生きがいの有無で生活全体の満足度に影響が出ること，生活課題・欲求に対処する資源が１つでもある層が生活全体の満足度が高いという。本田（2022）は，友人がいない人はアイデンティティの確立がしにくいこと，特に女性の場合は未婚で友人がいない人はウェルビーイングが低い可能性を指摘する。さらに友人の数よりも友人が１人でもいるかいないかが重要であること，結婚関係の有無よりも友人関係の有無のほうが当人のアイデンティティ形成や主観的幸福感，人生の意味への影響が見られることを指摘する。

だとするならば，今後のキャリアカウンセリングやキャリア教育においては，人間関係形成やコミュニケーション能力形成，健康教育あるいは金融教育などもその射程に入れていく必要があるのではないだろうか。河﨑（2011）は個の発達と関係性の発達の双方の側面から相互補完的に育成すべきであるとする。また可知・安永・塩田（2023）は，キャリア教育では情報社会の変化を踏まえながら，職業だけでない幅広い領域に着目して人生の充実・幸福を考え，その実現に必要な能力を育成する機会として機能することが求められる，とする。渡邉（2021）は余暇支援という用語を用いているし，バーネットとエヴァンス（2017）は健康・仕事・遊び・愛のそれぞれが重要だとする。キャリア支援者自らが，「個人の仕事」のみに囚われずキャリアの射程を拡大していく必要があるのではないだろうか。発達心理学者ギリガン（2022）は個人主義的で男性中心の従来の心理学を批判し，他者との関係性の中で自分がいかにあるべきかを問うという「ケアの倫理」の必要性を主張する。またアーサー（2016）が言うように，キャリア支援者は自らの文化（価値観）を把握し，自分とは異なるクライエントの文化（価値観）を理解し，クライエントとの盟友関係を築き，社会正義を意識した実践を行うべきではないだろうか。

なお仕事そのものについても，近年，副業・複業（兼業）が許容されることが増えている中で，従来のような「1つの会社で長期に継続的に働く」以外の選択肢が増えていく可能性がある。一時期「半農半X」という用語が流行したが，キャリア支援者が実際に副業・複業（兼業）をしている人の状況を調べる・学ぶなど「将来に向けた準備」も必要となってくるだろう。イギリスのアーサーは，企業や組織などの境界を超えて展開するキャリアとしてバウンダリーレス・キャリアという概念を提唱し，コミュニティカレッジやスポーツクラブなど企業組織の枠を超えて外部ネットワークを作ることを推奨している（渡部，2022a)。

以上のように考察してみると，そもそもキャリアカウンセラーあるいはキャリア支援者養成の教育プログラムも，時代に合わせて大幅に考え直す必要が出てくるのではないだろうか。キャリア支援者個人が歴史を学び，自己の改善点をブラッシュアップすることも大切であるが，養成機関や教育機関あるいは更新講習実施機関自体も歴史を学んで現在の教育内容をブラッシュアップしていく必要があるのではないだろうか。

【参考文献】

安達智子（2022）若者のキャリア形成とジェンダー－社会正義からの再考－　キャリア教育研究, 40（２）, pp.39-44.

ノーマン・アムンドソン（2018）キャリアカウンセリング　積極的関わりによる新たな展開　誠心書房

N.E. アムンドソン・G.R. ポーネル（2005）キャリア・パスウェイ　仕事・生き方の道しるべ　ナカニシヤ出版

新目真紀（2021）「New perspectives on career counseling and guidance in Europe」からの示唆　日本キャリア・カウンセリング学会第 26 回大会会員企画シンポジウム S04 海外のキャリアカウンセリング事情　ハンドアウト

新目真紀（2016）ピーヴィーのソシオダイナミック・カウンセリング　労働政策研究・研修機構編「新時代のキャリアコンサルティング－キャリア理論・カウンセリングの現在と未来」, pp.102-105.

ナンシー・アーサー，ロベルタ・ノート，メアリー・マクマホン（2021）実践アイデア　現場でつかえるキャリア理論とモデル　金子書房

ナンシー・アーサー（2016）文化に基づいたキャリアカウンセリングと社会正義のアドボカシー（提唱と実践）JILPT 資料シリーズ「キャリア形成支援の国際的な理論動向の紹介－ IAEVG 国際キャリア教育学会日本大会基調講演及びアジアシンポジウムより」, 170, pp.5-20.

馬欣欣・乾友彦・児玉直美（2017）管理職における男女間格差－日本の従業員と企業のマッチングデータに基づく実証分析－　経済研究, 68（２）, pp.114-131.

ビル・バーネット，デイヴ・エヴァンス（2017）LIFE DESIGN スタンフォード式最高の人生設計　早川書房

メアリー・C・ブリントン（2022）縛られる日本人　人口減少をもたらす「規範」を打ち破れるか　中公新書

D・L・ブルスティン（2023）人間の仕事　意味と尊厳　白桃書房

D・L・ブルスティン（2018）キャリアを超えて　ワーキング心理学－働くことへの心理学的アプローチ　白桃書房

ラリー・コクラン（2016）ナラティブ・キャリアカウンセリング　「語り」が未来を創る　生産性出版

エド・デー（2019）マッピングを用いた依存症支援マニュアル　本人の気づきを促すビジュアルツール　星和書店

藤田廣志（2021）フランスのキャリアカウンセリング事情～ J. ギシャールらとの情報・意見交換～　日本キャリア・カウンセリング学会第 26 回大会会員企画シンポジウム S04 海外のキャリアカウンセリング事情　ハンドアウト

キャロル・ギリガン（2022）もうひとつの声で－心理学の理論とケアの倫理　風行社

ノーマン・C・ガイスバース，メアリー・J・ヘプナー，ジョセフ・A・ジョンストン（2002）ライフキャリアカウンセリング：カウンセラーのための理論と技術　日本生産性本部

サニー・S・ハンセン（1997）キャリア開発と統合的ライフ・プランニング　不確実な今を生きる６つの重要課題　福村出版

濱口桂一郎（2017）公共職業安定機関の１世紀（「労働法の立法学」第 47 回）季刊労働法, 257

濱口桂一郎（2015）雇用仲介事業の法政策（「労働法の立法学」第41回）季刊労働法, 251

原田いづみ（2021）シチズンシップとキャリア　高丸理香・宇賀田栄次・原田いづみ編『大学生として学ぶ自分らしさとキャリアデザイン』有斐閣ブックス pp.68-76.

北海道大学人材育成本部ダイバーシティ研究環境推進室（2022）女性特有のライフイベントとキャリアの両立：男性も知っておきたい，リプロダクティブ・ヘルス／ライツ　北海道大学両立支援ハンドブック

John L. Holland（2013）ホランドの職業選択理論－パーソナリティと働く環境－　一般社団法人雇用問題研究会

本田周二（2022）成人期における友人関係・結婚関係の有無が当人のアイデンティティ，人生の意味，主観的幸福感に及ぼす影響　キャリア教育研究, 41（1）, pp.9-18.

堀江さおり（2022）生活設計と消費者教育：家庭科教育の視点から　進路指導, 95（3）, pp.11-16.

岩﨑徳子（2021）性的マイノリティのキャリア支援におけるキャリアコンサルタントの役割の検討　帝京平成大学紀要, 32, pp.45-54.

可知穂高・安永太地・塩田真吾（2023）ライフキャリア教育に関する国内の研究動向の到達点と課題：情報社会の変化に対応したライフキャリア教育の実践に向けて　静岡大学教育実践総合センター紀要, 33, pp.78-90.

神林龍（2009）なぜ職業紹介は国が行うのか　日本労働研究雑誌, No.585, 66-69.

神林龍（2000）国営化までの職業紹介制度－制度史的沿革　日本労働研究雑誌, 42（9）, 12-29.

勝又あずさ（2023）大学のキャリア教育における学生のキャラクターアークの探索的研究－他者へのライフストーリー・インタビューとその対話を通して－　成城大学共通教育論集, 15, pp.17-36

河﨑智恵（2011）ライフキャリア教育における能力領域の構造化とカリキュラムモデルの作成　キャリア教育研究, 29（2）, pp.57-69.

榧野潤（2008）キャリア教育の実践とソシオダイナミック・カウンセリング　進路指導, 81（6）, pp.76-79.

小林文郁・高中公男（2019）持続的な女性活躍推進の為のライフキャリア教育の必要性　事業創造大学院大学紀要, 10（1）, pp.203-216.

京免徹雄（2016）持続可能な社会の創造に向けたキャリア教育の可能性－Guichard のパラダイム論を手がかりとして－　愛知教育大学研究報告教育科学編, 65, pp.135-139.

藏岡智子・井出智博・草野智洋・森川友子・大賀一樹・上野永子・吉川麻衣子（2022）心理臨床領域における社会的公正とアドボカシーの視点－養成プログラムへの統合を見据えて－　東海大学文理融合学部紀要, 1, pp.37-53.

前田信彦（2020）大学におけるキャリア教育と社会正義－社会科学系学部の学生データを用いた探索的研究－　立命各産業社会論集, 56, pp.151-168.

松井志歩（2022）消費者教育とキャリア教育　進路指導, 95（3）, pp.17-20.

McMahon, M. & Patton, W.(2006)CAREER COUNSELLING Constructivist Approaches, Routledge, NY

三村隆男（2013）書くことによる生き方の教育の創造－北方教育の進路指導，キャリア教育からの考察－　学文社

三宅元子（2017）大学から社会への円滑な移行のためのパーソナルファイナンス教育　消費者教育，37，pp.177-185.

宮本知加子・池田浩（2022）学習目標志向性がフィードバック探索行動を引き出すとき－LMX と心理的安全性の調整効果の検討－　キャリアデザイン研究，18, pp.83-92.

内閣府（2020）「満足度・生活の質に関する調査」に関する第４次報告書

中村恵（2018）新しい潮流　渡辺三枝子編著「新版キャリアの心理学第２版」ナカニシヤ出版，pp.217-228.

中村恵（2007）新しい潮流　カオス理論の応用　渡部三枝子編著「新版キャリアの心理学」ナカニシヤ出版，pp.199-208.

中島寧綱（1988）職業安定行政史：江戸時代より現代まで　雇用問題研究会（同書は絶版となっているが 2023 年 12 月 11 日現在，一般財団法人日本職業協会のＨＰで読むことができる。http://shokugyo-kyokai.or.jp/shiryou/gyouseishi/index.html）

日本キャリア・カウンセリング学会監修（2022）キャリア・カウンセリングエッセンシャルズ 400　金剛出版

日本キャリア教育学会編（2020）新版キャリア教育概説　東洋館出版社

日本キャリア教育学会編（2008）キャリア教育概説　東洋館出版社

Pryor, R.G. & Bright, J.(2003)The Chaos Theory of Careers, Australian Jounrnal of Career Develpoment, 48(4), pp.4-12.

労働政策研究・研修機構編（2018a）雇用システムの生成と変貌－政策との関連－Ⅰ　戦前期の雇用システム　JILPT 資料シリーズ No.199 独立行政法人労働政策研究・研修機構

労働政策研究・研修機構編（2018b）雇用システムの生成と変貌－政策との関連－Ⅱ　戦後復興期からバブル期の雇用システム　JILPT 資料シリーズ No.199-2 独立行政法人労働政策研究・研修機構

労働政策研究・研修機構編（2016）国際社会におけるアジアのキャリア教育　労働政策研究・研修機構編「キャリア形成支援の国際的な理論動向の紹介－IAEVG 国際キャリア教育学会日本大会基調講演及びアジアシンポジウムより」，pp.69-96.

労働政策研究・研修機構編（2014）欧州におけるキャリアガイダンス政策とその実践①政策から実践へ－欧州における障害ガイダンスに向けたシステム全体の変化　資料シリーズ No.131.

酒井佑輔（2021）地域共生とキャリア　高丸理香・宇賀田栄次・原田いづみ編『大学生として学ぶ自分らしさとキャリアデザイン』有斐閣ブックス pp.77-85.

サビカス，M.L.（2015）サビカス　キャリア・カウンセリング理論〈自己構成〉によるライフデザインアプローチ　福村出版

Senzaki, T.（1991）A Perspective of History and Current on Career Education in Japan　Bulletin of Institute of Educational Research, 1, pp.61-70.

下村英雄（2023）キャリアカウンセリングの過去・現在・未来　日本キャリア・カウンセリング学会第 28 回大会昨年度学会賞受賞講演資料

下村英雄・高野慎太郎（2022）グリーンガイダンス－環境の時代における社会正義のキャリア教育論－　キャリア教育研究，40（２），pp.45-56

下村英雄（2020a）社会正義のキャリア支援－個人の支援から個を取り巻く社会に広がる支援へ－　図書文化社

下村英雄（2020b）社会課題の最中で生きる生徒達への社会正義のキャリア支援－誰一人取り残さない！進路を見定めにくい生徒のためのキャリア理論と実践－　Career Guidance, 52, pp.40-43.

下村英雄（2017）研究報告キャリアコンサルティングと社会正義　第89回労働政策フォーラム　新時代のキャリアコンサルタント－その使命と責務－

下村英雄（2016）文化に配慮したキャリアカウンセリング　労働政策研究・研修機構編「新時代のキャリアコンサルティング－キャリア理論・カウンセリング理論の現在と未来」, pp.86-89.

下村英雄（2013）成人キャリア発達とキャリアガイダンス－成人キャリア・コンサルティングの理論的・政策的基盤　労働政策研究・研修機構

杉原保史（2021）心理臨床における社会正義とアドボカシー－社会政治的・経済的・文化的要因にセンシティブな心理臨床のために　日本心理臨床学会第40回大会自主シンポジウム配布資料

杉本英晴・佐藤友美・寺澤朝子（2022）ライフキャリア教育科目「自己開拓」の開発および教育効果の検証－2021年度授業に基づく検証－　中部大学教育研究, 22, pp.13-25.

高丸理香（2022）女子に対する社会正義のキャリア支援－九州地区の大学生調査を手がかりとして－　キャリア教育研究, 41（1）, pp.1-8.

浦上昌則（2022）特集「キャリア教育と社会正義」キャリア教育研究, 40（2）, pp.37-38.

渡邉明宏（2021）余暇支援・意思決定支援×ライフキャリア教育：人生を思いっきり楽しむ力をつけるために　明治図書出版

渡部昌平（2022a）キャリア理論家・心理学者77人の人物で学ぶキャリア理論　福村出版

渡部昌平（2022b）社会構成主義の観点から「キャリア教育と社会正義」を考える　キャリア教育研究, 40（2）, pp.57-62.

渡部昌平（2022c）「専門家との1対1の対面実施」に偏りがちなカウンセリング概念の拡張の必要性に関する探索的研究, 日本キャリア・カウンセリング学会 TODAY, 5（1）, pp.1-5.

渡部昌平（2015）質的キャリア・アセスメントとその応用　渡部昌平編「社会構成主義キャリア・カウンセリングの理論と実践」福村出版

本書の理解の参考に

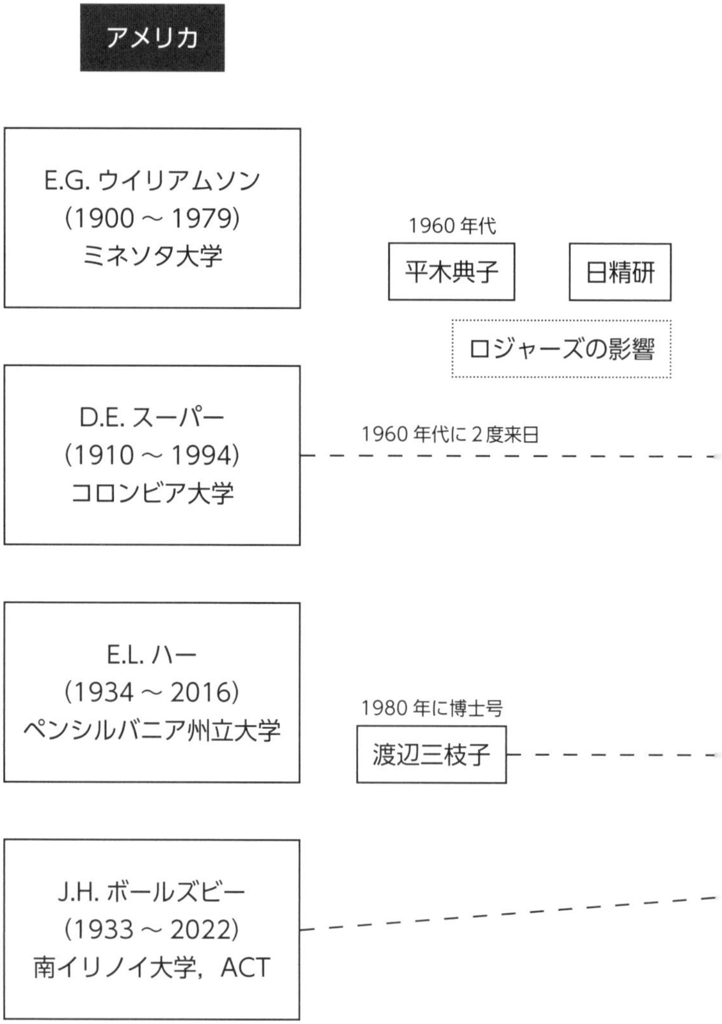
アメリカ
E.G. ウイリアムソン
(1900 ～ 1979)
ミネソタ大学
1960 年代
平木典子
日精研
ロジャーズの影響
D.E. スーパー
(1910 ～ 1994)
コロンビア大学
1960 年代に 2 度来日
E.L. ハー
(1934 ～ 2016)
ペンシルバニア州立大学
1980 年に博士号
渡辺三枝子
J.H. ボールズビー
(1933 ～ 2022)
南イリノイ大学，ACT

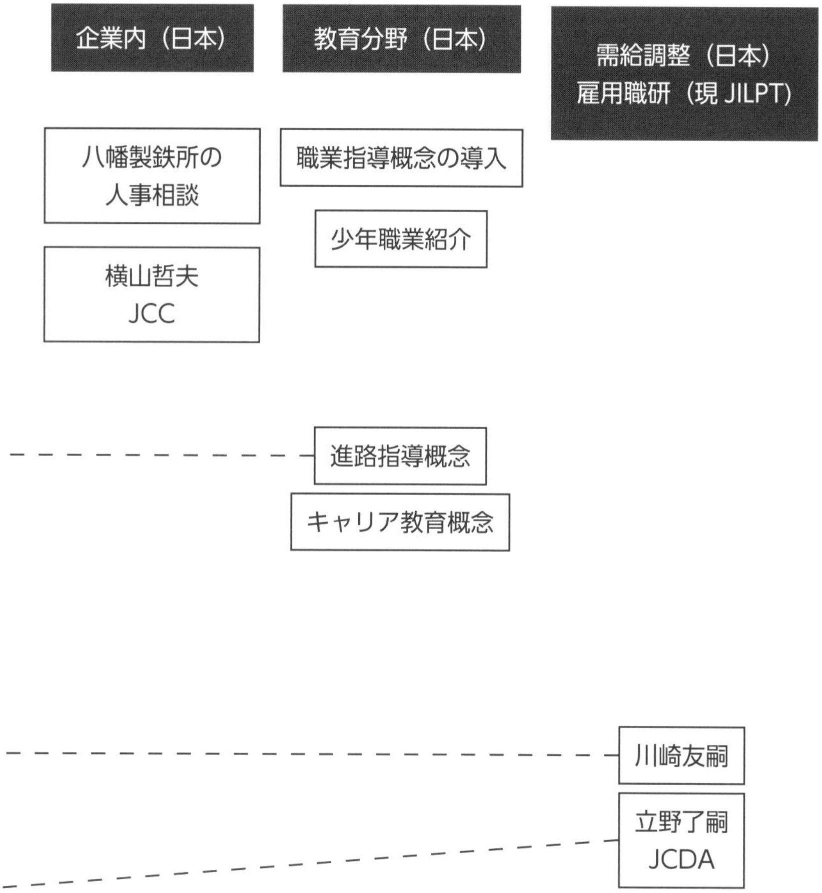
企業内（日本）
教育分野（日本）
需給調整（日本）
雇用職研（現 JILPT）
八幡製鉄所の
人事相談
職業指導概念の導入
少年職業紹介
横山哲夫
JCC
進路指導概念
キャリア教育概念
川崎友嗣
立野了嗣
JCDA

［執筆者一覧］

渡部昌平（はじめに，第 6 章）
　秋田県立大学総合科学教育研究センター 准教授

浅野浩美（第 1 章）
　事業創造大学院大学 事業創造研究科 教授

立野了嗣（第 2 章）
　日本キャリア開発協会会長，ACDA（Asia Career Development Association）会長

小澤康司（第 3 章）
　立正大学心理学部臨床心理学科 教授

下村英雄（第 4 章）
　労働政策研究・研修機構 副統括研究員

三村隆男（第 5 章）
　早稲田大学教育・総合科学学術院 大学院教育学研究科 教授

日《に》本《ほん》キャリアカウンセリング史《し》

正《ただ》しい理解《りかい》と実践《じっせん》のために

2024 年 4 月 29 日　初版第 1 刷発行

著　者／渡部昌平《わたなべしょうへい》，浅野浩美《あさのひろみ》，立野了嗣《たつのりょうじ》，小澤康司《おざわやすじ》，下村英雄《しもむらひでお》，三村隆男《みむらたかお》
発行者／岩野裕一
発行所／株式会社実業之日本社
　〒107-0062　東京都港区南青山6-6-22 emergence 2
　電話（編集） 03-3486-8320 （販売）03-6809-0495
　[ホームページ]https://www.j-n.co.jp/
　[進路指導 net.]https://www.j-n.co.jp/kyouiku/

印刷・製本／大日本印刷株式会社

ISBN978-4-408-41685-4（教育図書）